Ida von Bodelschwingh 1835–1894

v|rg

Bethel

Hauptarchiv und Historische Sammlung
der v. Bodelschwinghschen Anstalten Bethel

Geschichte in Bethel
Band 3

Claudia Puschmann und Kerstin Stockhecke

Ida von Bodelschwingh 1835–1894

Ein Lebensbild

Zweite Auflage

Verlag für Regionalgeschichte
Bethel-Verlag
Bielefeld 2008

Titelbild:
Ida von Bodelschwingh um 1869.

Bibliografische Information der Deutschen Nationalbibliothek

Die Deutsche Nationalbibliothek verzeichnet diese Publikation in der Deutschen Nationalbibliografie; detaillierte bibliografische Daten sind im Internet über http://dnb.d-nb.de abrufbar.

ISSN 1611-8693
ISBN 978-3-89534-763-4
ISBN 978-3-935972-19-2

Gestaltung und Satz: Büro für Design, Martin Emrich, Lemgo
Druck: Hans Kock Buch- und Offsetdruck, Bielefeld
Verarbeitung: Großbuchbinderei Gehring, Bielefeld

Gedruckt auf alterungsbeständigem Papier nach ISO 9706
Printed in Germany

Inhaltsverzeichnis

Einleitung

Morgens um 6 Uhr fing Ida von Bodelschwingh an, ihre Briefe zu schreiben. Es war still im Haus. Die einzige Gelegenheit, sich auf ihre Briefe zu konzentrieren, bevor Kinder, Haushalt und ihr „Beruf" sie in Beschlag nahmen.

Ida von Bodelschwingh wurde 1835 geboren, genoss eine standesgemäße Mädchenerziehung und heiratete wenige Tage nach ihrem 26. Geburtstag. Fortan lebte sie an der Seite eines immer bekannter werdenden Mannes: Friedrich von Bodelschwingh war Pfarrer und seit 1872 Leiter des heute größten diakonischen Unternehmens in Europa, die v. Bodelschwinghschen Anstalten Bethel.

Sie selbst führte das Leben einer bürgerlichen Frau, das sich ganz nach der zeitgenössischen Geschlechterordnung vor allem im privaten Bereich abspielte: Sie war Mutter und erzog eine stetig wachsende Kinderschar, zugleich war sie zuständig für die Haushaltsführung – ob in ihrer ersten gemeinsamen Wohnung in der brodelnden Metropole Paris, im Pfarrhaus im ländlichen Dellwig oder in einer gigantisch expandierenden diakonischen Einrichtung am Rand der Stadt

Bielefeld. Aber da war noch mehr: Ida von Bodelschwingh unterstützte ihren Mann aktiv in seinem Beruf. Jenseits aller Rollenzuweisungen bot ihr der Beruf ihres Ehemannes ein nahezu eigenes Arbeitsfeld, das auch sie „Beruf" nannte.

Die Briefe der Ida von Bodelschwingh geben einen ganz privaten Einblick in das Leben dieser Frau. Hier zeigt sich ihr Alltag als Ehefrau, Hausfrau, Mutter und Pfarrfrau. Hier offenbaren sich auch ihre Gedanken und Gefühle, ihre Sorgen und Nöte. Über 500 Briefe liegen dieser Biografie über Ida von Bodelschwingh zugrunde. Briefe, die sie an ihren Ehemann, ihre Eltern, ihre Geschwister und ihre Kinder geschrieben hat, aber auch Briefe von Friedrich von Bodelschwingh an seine Frau und seine Angehörigen.

Bisherige Veröffentlichungen zu Ida von Bodelschwingh beruhen in erster Linie auf Erinnerungen. Ihre Freundin Caroline von Zacha hatte kurz nach Idas Tod eine kleine Druckschrift „Einige Mitteilungen aus dem Leben, Leiden und Sterben der Pastorin Ida von Bodelschwingh"[1] verfasst. Auch in den veröffentlichten Erinnerungen ihres Ehemannes[2] sowie ihrer Söhne Gustav[3] und Friedrich[4] finden sich längere Passagen zu Ida als Ehefrau oder als Mutter. Spätere Publikationen über Ida von Bodelschwingh beziehen sich überwiegend auf diese Erinnerungen.[5] Sich anhand von Briefen mit ihrem Leben zu beschäftigen, ist bislang noch nicht geschehen. Dabei ist das Ausgangsmaterial überaus günstig: Briefe sind häufig die einzige Grundlage, sich der Lebenswelt derer zu nähern, die nicht an die Öffentlichkeit traten. Außerdem ermöglichen sie einen vielschichtigen Zugang für das biografische Arbeiten, und auch nach dem nun vorliegenden Frauenportrait bieten sie noch zahlreiche weitere Bearbeitungsmöglichkeiten.

Ida und Friedrich von Bodelschwingh waren beide eingebunden in die von Bürgertum und Protestantismus vorgegebene Geschlechterordnung im 19. Jahrhundert. Ihre gemeinsame Lebensaufgabe, die ihnen mit der Heirat zugefallen war, bewältigten sie mit einer streng geschlechtsspezifischen Aufgabenteilung: Während dem Mann das Arbeitsleben und das politische Engagement zugewiesen war, übernahm die Frau die Haushaltsführung und die Erziehung der Kinder.[6] Für Ida von Bodelschwingh war diese Rollenzuweisung völlig selbstverständlich. Sie hat sie niemals hinterfragt oder gar kritisiert. Genauso selbstverständlich übernahm sie die Rolle als Gehilfin ihres Ehemannes. Für sie als christliche Frau war dieses Bild der Gehilfin auch biblisch untermauert. Betrachtet man die Gehilfinnenrolle nicht im Sinne eines Herrschaftsverhältnisses, eröffnete sie einer Frau im 19. Jahrhundert einen durchaus weit gefassten Handlungsspielraum, der auch über die bloße Unterstützung hinausgehen und eigene Gestaltungs- und Einflussmöglichkeiten beinhalten konnte.[7]

Die Lebenswelt der Ida von Bodelschwingh wirft auch ein anderes Licht auf den Ehemann Friedrich von Bodelschwingh. Sein Lebenswerk, den Ausbau der v. Bodelschwinghschen Anstalten Bethel, die er bis zu seinem Tod 1910 geleitet hat, war die eine Seite seines Lebens: Die Arbeitswelt, in der er als Pfarrer und als Manager solch einer Einrichtung eingebunden war. Zu den Facetten eines Lebens gehört aber genauso der private Bereich: Und in seinem Fall sind das eine Ehefrau, mehrere Kinder und ein weit verzweigter Familienverband.

Alltagsleben einer Frau im 19. Jahrhundert – dafür steht die Biografie über Ida von Bodelschwingh. Wie hat damals eine Frau ihre verschiedenen Aufgaben bewältigt? Wie hat sie Schicksalsschläge überwunden? Wie hat sie gelebt, gedacht und gefühlt?

I.

Kindheit und Jugend in Haus Heyde und Berlin

Ida Friederike Caroline Luise Wilhelmine von Bodelschwingh wurde laut Kirchenbuch der reformierten Gemeinde Unna am 15. April 1835 im Wasserschloss Haus Heyde geboren.[8] Sie war das fünfte Kind von Carl von Bodelschwingh und seiner Frau Elise, geborene von Bodelschwingh-Plettenberg. Getauft wurde Ida am 29. Mai. Die Liste ihrer acht Taufzeugen führt ihre Großmutter Friederike von Bodelschwingh an, ihr folgt die Gräfin Ida von der Recke-Volmarstein. Nach ihr könnte Ida benannt worden sein.[9]

Für ihren Vater war das Jahr 1835 nicht nur als Geburtsjahr seiner Tochter bedeutsam, sondern es markierte auch den Beginn seines steilen politischen Aufstiegs. Am 30. September wurde der gelernte Jurist zum Kreisdeputierten des Kreises Hamm gewählt und mit der kommunalen Verwaltung des Landratsamtes beauftragt. Er war bis 1844 Landrat in Hamm, danach Oberregierungsrat in Minden, Regierungsvizepräsident in Münster und 1849 schließlich Regierungspräsident in Arnsberg.[10] Die Familie zog also häufig um, doch Haus Heyde blieb ihr Lebensmittelpunkt.

Im Winter in der Stadt, im Sommer auf dem Gut – so wuchs Ida inmitten einer großen Schar von Geschwistern heran. Ihre älteste Schwester Friederike war bereits 1832, mit knapp vier Jahren gestorben, doch da waren noch die älteren Brüder Ernst (geb. 1830) und Karl (geb. 1831) sowie die Schwester Luise (geb. 1833). Zwei Jahre nach Ida wurde Elise geboren. Sie war das letzte der Bodelschwingh-Kinder, das in Haus Heyde geboren wurde. Die jüngeren Geschwister Gustav (geb. 1838), Udo (geb. 1840), Marie (geb. 1842) und Lina (geb. 1845) kamen in Hamm zur Welt, wo ihr Vater damals Landrat war. Das Nesthäkchen Sophie (geb. 1847) wurde in Münster geboren.[11]

Für die Ausbildung der Kinder war für die Zeit, wenn die Familie in Haus Heyde wohnte, ein Hauslehrer angestellt. Einer von ihnen war Carl Niemann, später Pastor in Mark bei Hamm und Mitarbeiter beim Sonntagsblatt „Westfälischer Hausfreund“. Alle vier Söhne besuchten das Gymnasium in Hamm, über eine schulische Ausbildung der Töchter ist jedoch nichts bekannt.[12]

1851, mit 16 Jahren, wurde Ida in Arnsberg von Pastor Gustav Bertelsmann konfirmiert. Er war ein von der Erweckungsbewegung beeinflusster Geistlicher, dem Ida ihr Leben lang in großer Zuneigung verbunden bleiben sollte. Er gab ihr als Einsegnungsspruch das Wort Philipper 1,6 mit auf den Weg: „... und bin desselben in guter Zuversicht, dass der in euch angefangen hat das gute Werk, der wird es auch vollführen bis an den Tag Jesu Christi.“[13]

Noch im gleichen Jahr änderten sich Idas Lebensumstände erheblich. Die Familie zog wieder einmal um, diesmal jedoch in die Hauptstadt Berlin, da Carl von Bodelschwingh zum preußischen Finanzminister berufen worden war. Zu der Zeit war es noch üblich, dass ein Minister in seinem Ministerium wohnte, und so logierte die Familie im dritten Stock des heute noch vorhandenen „Palais am Festungsgraben" nahe der Straße „Unter den Linden". Im Sommer kehrte sie allerdings wie gewohnt nach Haus Heyde zurück.

In Berlin bekam Ida – nunmehr Ministertochter – in ihrer Erziehung den letzten Schliff. Zusammen mit ihrer Schwester Luise hatte sie Unterricht in Geschichte und Literatur bei Professor Ludwig Wiese, dem Fachreferenten für das preußische Gymnasialwesen im Kultusministerium. Sie lernte Französisch und Englisch, hatte Klavierunterricht und nahm gemeinsam mit ihrem Bruder Gustav Gesangstunden.[14]

So konnte sie bald standesgemäß am gesellschaftlichen Leben Berlins mit seinen Diners, Soireen und Hoffesten teilnehmen, aber sie tat es nur ungern. Ihre Freundin Caroline von Löwenfeld, später von Zacha, beschreibt die junge Ida als „stilles, schüchternes Mägdlein" mit einem „früh auf die Ewigkeit gerichteten Sinn".[15] Eine weitere gute Freundin und Seelenverwandte hatte Ida in Hedwig von Brauchitsch gefunden, die Diakonisse in Kaiserswerth werden wollte. Durch Hedwig lernte Ida die Predigten des Pfarrers Gustav Knak kennen, der der „Gemeinschaft der Erweckten" angehörte. Er forderte einen radikalen Bruch mit allem, was als „Welt" galt. Insbesondere weltliche Feste sollten die Mädchen nicht mehr besuchen, was Ida aber mit Rücksicht auf die Stellung ihres Vaters nicht durchhalten konnte.

Abbildung nächste Seite:
Konfirmationsschein von Ida von Bodelschwingh.

2. PE
1. JOH. 2, 17.
DENK
Ida von
Einsegnung:
Am Tage der Confirmation:
Arnsberg d. 31ten August 1851
JOH. 15 v. 5.
HEB. 10 v. 16 u 17.
OFFE

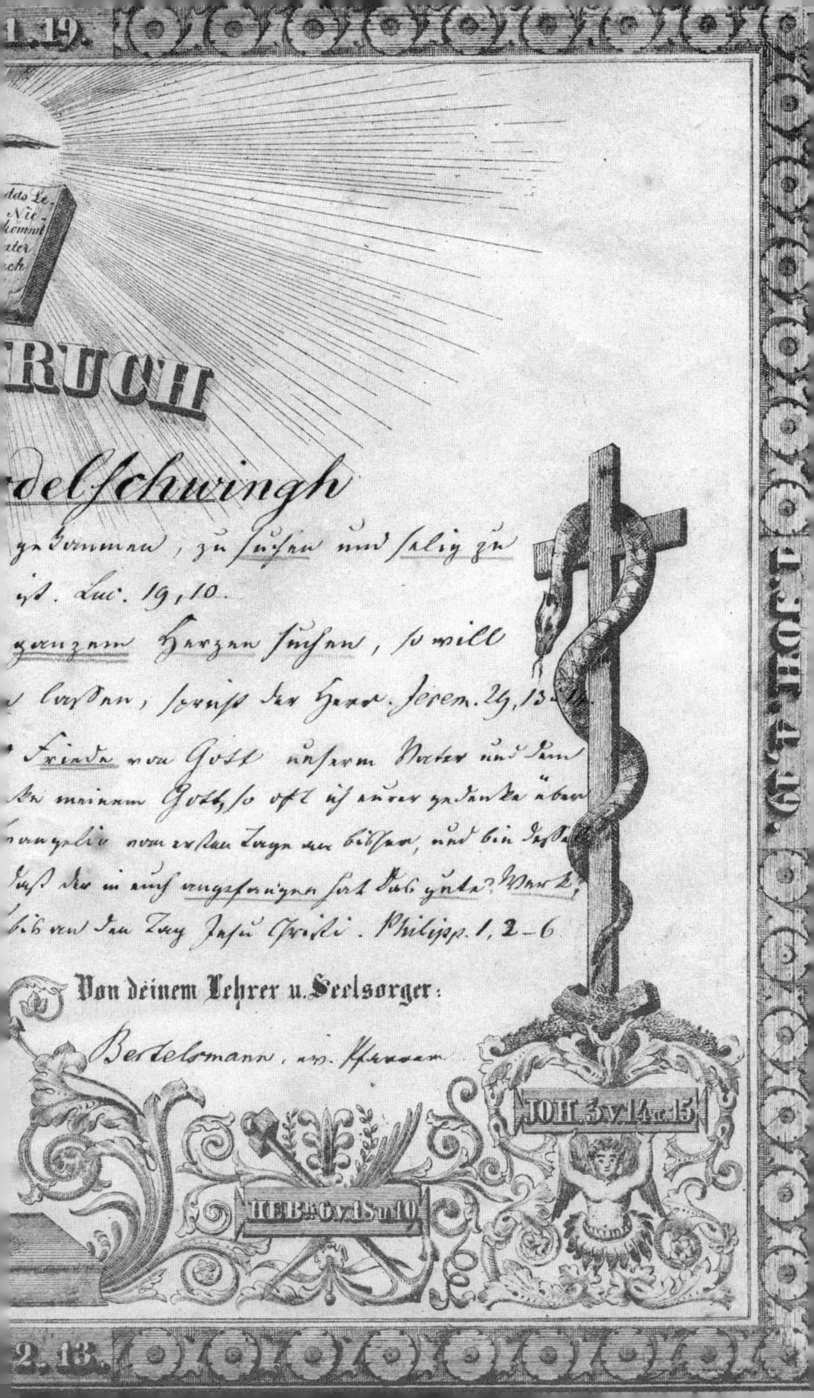
1. 19.
RUCH
...delschwingh
...gekommen, zu suchen und selig zu
...ist. Luc. 19, 10.
...ganzem Herzen suchen, so will
...lassen, spricht der Herr. Jerem. 29, 13-14.
...Friede von Gott unserm Vater und dem
...ich danke meinem Gott, so oft ich euer gedenke über
...Evangelio vom ersten Tage an bis her, und bin desselbigen
...daß der in euch angefangen hat das gute Werk,
...bis an den Tag Jesu Christi. Philipp. 1, 2-6
Von deinem Lehrer u. Seelsorger:
Bertelsmann, ev. Pfarrer
JOH. 3 v. 14 u. 15
HEB. 6 v. 18 u 19
1. JOH. 4. 19.
2. 13.

Auch der Eintritt ins Kaiserswerther Diakonissenmutterhaus kam für Ida wegen ihrer anfälligen Gesundheit nicht in Frage, obwohl sie diesen Weg gerne gegangen wäre. Ihr Vater war ein Förderer dieser diakonischen Einrichtung und ihres Leiters Theodor Fliedner, der hoffte, die eine oder andere der zahlreichen Bodelschwingh-Töchter in sein Mutterhaus aufnehmen zu können. So sandte er 1853 Ida und ihrer Schwester Luise die Kaiserswerther Bibellesetafel und die Selbstprüfungsfragen für Diakonissen. Keine der Schwestern entschied sich für diese Laufbahn, doch Ida unterstützte Fliedner mit der Verteilung von Werbebriefen an einflussreiche Persönlichkeiten, als er ein Jahr später den Berliner „Marthashof" als Zufluchtsstätte für arbeitslose Mädchen gründete. Auch in der Domarmenpflege arbeitete sie mit und übernahm die persönliche Fürsorge für einige arme Familien.[16]

Im Sommer 1856 geriet die 21-jährige Ida in eine schwere gesundheitliche Krise. Körperlich geschwächt durch eine „übertrieben starke Wasserkur, die ihrem langwierigen Magenleiden ein Ende machen sollte", entwickelte sie starke Depressionen.[17] Zunächst pflegte ihre Freundin Hedwig sie mehrere Wochen lang im Marthashof. Als sich keine Besserung einstellte, wurde Ida in die gerade neu eröffnete Heilanstalt „Schweizerhof" in Berlin-Zehlendorf gebracht, wo sie von Dr. Heinrich Laehr behandelt wurde. Erst im März 1857 konnte sie den Schweizerhof verlassen und reiste mit ihrer Mutter sofort nach Haus Heyde, weil Dr. Laehr ihr dringend zu mehr Ruhe geraten hatte.

Doch schon nach kurzer Zeit kehrte sie auf eigenen Wunsch in den Schweizerhof zurück und begab sich erneut in die Behandlung Laehrs. Am 5. April 1858 schrieb sie ihrer

Schwester Luise: „Seine Mittel und das stille Leben hier haben ja Gottlob meine Gesundheit wieder so weit gekräftigt, daß nun wir an ein baldiges Wiedersehen denken dürfen."[18] Dieses fand wieder auf dem westfälischen Stammgut statt, wohin auch die inzwischen verheiratete Luise mit ihrem Mann Constantin von Quadt und ihrem kleinen Sohn – Idas Patenkind – kam. Im Herbst begleitete Ida ihre Familie nach Berlin, wo sie ihr altes Leben wieder aufnahm, sich aber vor allzu viel Hektik hütete. Ihre Eltern bestärkten sie offenbar darin: „Später war großes Diner bei uns, dessen Unruhe man mich gar freundlich entzog."[19]

Mit neuer Energie widmete sich Ida dem Klavierspiel und Gesang, besuchte mit ihren Geschwistern Konzerte und las englische Lektüre. Daneben versuchte sie sich in der Kochkunst, war aber mit ihren Fortschritten alles andere als zufrieden: „Wenn ich doch nur erst kochen könnte, aber ich bin gar zu ungeschickt dabei."[20] Ihrem Vater rang sie die Erlaubnis ab, in Haus Heyde eine Kleinkinderschule einzurichten und zu leiten.[21] Doch dazu sollte es nicht kommen.

Im September 1860 besuchte ihr Cousin Friedrich von Bodelschwingh[22] Ida und ihre Familie in Haus Heyde. Er war schon seit langem heimlich in Ida verliebt, doch durch seine Freundschaft zu seinem Vetter Wilhelm von Diest wusste er von der Herzensbindung zwischen den beiden. Dazu kam, dass er zunächst geplant hatte, in den Missionsdienst nach Afrika oder Indien zu gehen, wohin er Ida mit ihrer anfälligen Gesundheit kaum mitnehmen konnte. Er entschied sich dann aber doch für eine Pfarrstelle in der deutschen Gemeinde in Paris, die er seit 1858 innehatte.

Auf seiner Reise durch die Heimat traf er auch mit Wilhelm von Diest zusammen, der ihm erklärte, „daß er die Pflicht fühle, Ida freizugeben, da er die Hoffnung auf die Einwilligung der Eltern aufgeben müsse und auch wohl einsehe, daß die Eltern recht hätten."[23] Er ermunterte seinen Freund, selbst um Ida anzuhalten. Dies tat Friedrich aber erst, nachdem sein Vetter ihm versprochen hatte, seinen Verzicht auf Ida den Eltern auch brieflich mitzuteilen. In dem Antwortbrief auf die schriftliche Werbung seines Neffen um Ida gab Carl von Bodelschwingh umgehend seine Zustimmung.[24]

Nun brachen aufregende Stunden für Ida an. Zunächst lasen ihr die Eltern Wilhelm von Diests Brief vor, dann konfrontierten sie sie mit dem Heiratsantrag ihres Cousins Friedrich und unterstützten seine Werbung. Obwohl völlig durcheinander, entschied sich Ida erstaunlich schnell. Schon am nächsten Nachmittag gab sie Friedrich, der heimlich ins Haus gekommen war, ihre Einwilligung. Über ihre Beweggründe schweigen die Quellen, doch mag sie ein Leben als Pfarrfrau an der Seite ihres Cousins, mit dem sie das gleiche religiöse Milieu verband, als verdienstvolle Aufgabe angesehen haben. Am 8. Oktober 1860 verlobten sich Ida und Friedrich von Bodelschwingh offiziell.[25]

Friedrich von Bodelschwingh um 1869.

II.

„Man fühlt doch sehr die weite Entfernung". Als Pfarrfrau in Paris

Neue Aufgaben an der Seite Friedrichs von Bodelschwingh

Nur zwei Tage blieb Friedrich von Bodelschwingh bei seiner Verlobten, dann setzte er seine Reise fort, um Spenden für seine Pariser Gemeinde einzuwerben. Auch zu Weihnachten konnte er sich dort nicht freimachen, so dass Ida mit seinen Briefen und einem Bild von ihm vorlieb nehmen musste, das er für sie bei einem Fotograf hatte aufnehmen lassen.[26]

Am 18. April 1861 wurden Ida und Friedrich von Bodelschwingh in der Dorfkirche zu Heeren, ganz in der Nähe von Haus Heyde, vom Berliner Domprediger Wilhelm von Hengstenberg getraut. Danach brach das junge Paar zur Hochzeitsreise ins Ravensberger Land auf. Teils zu Fuß, teils mit dem Wagen ging es von Ort zu Ort – und von Pfarrhaus zu Pfarrhaus, denn die meisten Pfarrer in dieser Gegend unterstützten die Arbeit Friedrichs in Paris. Ida lernte in Rehme Pastor Eduard Seippel kennen, in Bünde Pastor Gottlieb Schröder und in Jöllenbeck Pastor Heinrich Volkening. Auch in Schildesche machten sie Station und besuchten die Pfarrer Karl Siebold und Clamor Huchzermeier. Von Huchzermeier musste sich Ida anhören, dass sie in Paris „unter die

Bären und Wölfe käme."[27] Dennoch genoss die junge Frau ihre Hochzeitsreise und entdeckte zu ihrer großen Freude, dass ihr Mann die Begeisterung für die Natur mit ihr teilte.

Ende April traf das Paar in Paris ein und nun stand die 26-jährige Ida vor der bislang größten Herausforderung ihres Lebens. Die Lebensverhältnisse in der deutschen lutherischen Gemeinde[28] waren so ärmlich und primitiv, wie sie es nie zuvor gesehen hatte. Etwa 30.000 deutsche Protestanten lebten um die Mitte des 19. Jahrhunderts in Paris, viele von ihnen stammten aus der Pfalz und aus Hessen-Darmstadt. Die Pfälzer arbeiteten meistens in den Fabriken und Steinbrüchen der Vorstädte, manche waren auch als Lumpensammler tätig. Die Hessen dagegen waren fast ausnahmslos Straßenkehrer und wohnten völlig abgesondert von der französischen Bevölkerung in Mietskasernen, den so genannten deutschen Höfen. Auch in diesen Elendsvierteln wurden noch hohe Mieten verlangt, so dass Frauen und Kinder mitarbeiten mussten. Viele Kinder verwahrlosten und trieben sich in den Gassen herum.

Friedrich von Bodelschwingh war in der lutherischen Gemeinde für die Vorstädte Montmatre, La Chapelle-Saint-Denis, La Villette und Belleville zuständig. Neben deutschsprachigen Gottesdiensten gehörten auch der Unterricht für die Kinder sowie die Mitarbeit in der Krankenhausseelsorge an den Hospitälern Lariboisière und St. Louis zu seinem Aufgabenbereich. Mit deutschen Spendengeldern hatte er in La Villette eine aufgeforstete Abraumhalde angemietet, „la colline verte", der grüne Hügel genannt. Der Hügel sollte als christliche Zufluchtsstätte für die deutschen Gassenkehrerfamilien dienen. Von Ende 1858 bis 1860 ließ Friedrich von

Bodelschwingh dort zwölf kleine Holzhäuser für die Arbeiter und ein zweistöckiges Holzhaus bauen, das als Schule, Kirche, Lehrerwohnung und Pastorat genutzt wurde. Dort wohnte er im oberen Stockwerk, während im Untergeschoss der Lehrer Heinrich Witt mit seiner Frau und die Haushälterin Veuve Schnepp mit ihrem Sohn Jules eingezogen waren.[29]

Vom weitläufigen Gut Haus Heyde in die Enge und karge Einrichtung ihres ersten eigenen Haushalts – größer konnte die Umstellung für Ida kaum sein. Das „Hüttchen", wie ihr Mann es fröhlich nannte, besaß beim Einzug der jungen Frau gerade einmal ein Bett, einen Tisch, zwei Stühle und einen alten Lehnstuhl. Dazu kaufte das Paar noch ein Sofa, weitere Stühle und zwei neue Betten als Ersatz für das alte. Ein Pianino, das Idas Familie ihnen zur Hochzeit geschenkt hatte, musste durchs Fenster in die Wohnstube befördert werden. Schränke gab es in der Wohnung nicht, weil sie zu viel Platz wegnahmen.[30]

In der Haushaltsführung musste die frischgebackene Pfarrfrau Rücksicht auf die bisherige Haushälterin Veuve Schnepp nehmen, die ihren Arbeitsbereich energisch verteidigte. Die Zusammenarbeit der beiden Frauen stieß auch wegen der Enge in der Wohnung auf Probleme: „Die Küche aber war so klein, daß am Herde nur einer stehen konnte, und wollte die Frau Pastorin nach dem Rechten sehen, so musste sich erst Frau Schnepp hinausbegeben."[31] Mit ihren anderen Mitbewohnern, dem Lehrerehepaar Witt, verstand sich Ida von Anfang an gut. Maria Witt, die den Mädchen Unterricht gab, war ihr eine große Hilfe bei ihren ersten Schritten in der neuen Umgebung.

Deutscher Hügel
in PARIS.
Pastor D. v. Bodelschwingh.
1858-1864.

*Der „grüne Hügel“ im
Ortsteil La Villette in Paris.*

Friedrich von Bodelschwingh führte seine junge Frau unverzüglich in ihre neuen Aufgaben als Pfarrfrau ein. Etwa sechs Wochen nach ihrer Ankunft in Paris berichtete sie ihrer Schwester Luise über ihre ersten Erlebnisse: „Zuweilen sind wir jetzt miteinander zu seinen Leuten gegangen, damit ich sie allmählig kennen lerne – aber natürlich oft muß Friedrich auch allein fort – und ich bin bis dahin noch recht ängstlich darin allein zu gehen, habe es aber doch schon einige Male gewagt und immer gut wieder heimgefunden. Neulich durfte ich einmal mitkommen in die beiden Spitäler, in denen mein Friedrich so viel an den Kranken- und Sterbebetten schon erlebte."[32] Diese Besuche bei armen und kranken deutschen Gemeindegliedern waren Ida aus der Berliner Domarmenpflege schon vertraut und ängstigten sie nicht, zumal es dabei keine Sprachbarriere zu überwinden galt. Zu ihren neuen Pflichten gehörte aber auch der Beitritt zu einem französischen Damenverein, um dort die Anliegen der Armen aus La Villette zu vertreten. Da wurde nur französisch gesprochen, was Ida sehr schwer fiel: „... es geht das Sprechen gar kümmerlich – ich werde doch wohl noch Unterricht nehmen müssen."[33]

Von Paris und seinen Sehenswürdigkeiten hatte sie bis dahin noch nichts gesehen und vermisste es offenbar auch nicht. Ihr neues Arbeitsfeld erschien ihr „weit schöner" und ihr Mann hatte sowieso keine Zeit, sie zu begleiten. Auch zum gesellschaftlichen Leben fehlte ihm oft die Zeit, so dass die Antrittsbesuche des Paares bei den Pfarrerkollegen zu Idas Kummer immer noch nicht absolviert waren.[34]

Sein neuestes Bauprojekt, eine eigene Kirche für den „grünen Hügel", hielt Friedrich von Bodelschwingh im Frühjahr besonders in Atem. Die Baupläne für das Gebäude, das im Erdgeschoss auch Platz für eine Jungen- und Mädchenschule bieten sollte, mussten von der Regierung genehmigt und die Finanzierung sichergestellt werden. Auf 25.000 Franken wurden die gesamten Baukosten veranschlagt, die allein durch Spenden aufgebracht werden mussten. Bis zur Feier der Grundsteinlegung am 18. August hatte Bodelschwingh etwa die Hälfte der Summe zusammen. Seine Mutter war bei der Feier anwesend und blieb sieben Wochen bei dem jungen Paar.[35]

Um den Rest des benötigten Geldes zu sammeln, unternahmen Ida und Friedrich im Herbst eine Kollektenreise nach Deutschland und in die Schweiz. Sie besuchten ihre Familien – nicht ohne auch dort „etwas Geld mitzunehmen"[36] – und machten Station bei Friedrichs Bruder Franz, der in Krosdorf bei Siegen als Oberförster tätig war. Über Frankfurt ging es weiter nach Heidelberg zu Idas Bruder Gustav, mit dem sie sich schon immer besonders gut verstanden hatte. Der Jurastudent freute sich sehr über den überraschenden Besuch und berichtete seiner Mutter in einem langen Brief vom 28. Oktober: „... wir waren sehr vergnügt, sangen und sprangen oben im Schloßgarten herum und Fritzchen war so heiter wie ich ihn selten gesehen habe."[37]

Zu diesem Zeitpunkt waren seine Besucher bereits nach Bad Boll gereist, wo Ida Pfarrer Johann Christoph Blumhardt[38] kennen lernte, der sie tief beeindruckte. Blumhardt unterhielt in seinem Haus einen so genannten „Gnadenbau", in dem er Kranke unentgeltlich zur Pflege aufnahm. Von dort fuhren sie über Ulm und Schaffhausen nach Basel und schließlich über Straßburg zurück nach Paris. Ida fiel der

Abschied aus der „theuren Heimath" sehr schwer, ihre alten Magenbeschwerden kehrten zurück und gleich nach der Ankunft in Paris legte sie sich in ihr „stilles Krankenstübchen, da mir so viele Sterbensgedanken kamen."[39]

Ende November hatte sie sich wieder erholt und ging mit neuer Energie an ihre Aufgaben, die nun beträchtlich gewachsen waren, standen doch bald Weihnachten und die für den 4. Advent geplante Einweihung der neuen Hügelkirche vor der Tür. Noch immer trafen Spenden für den Bau und für die neue Orgel ein. Ida führte Buch über die Gelder und schrieb Verwandte und Bekannte um weitere Beträge an. Außerdem bat sie um Stoff für Kleidung als Weihnachtsgeschenk für die armen Kinder ihrer Gemeinde, schnitt die eingetroffenen Stücke zu und brachte sie bedürftigen Familien zum Nähen.

Zu ihrer großen Freude traf am 13. Dezember die neue Orgel aus Frankfurt ein. Zur Deckung der Kosten hatten Friedrichs Schwester Sophie und Ida zuletzt noch einige Schmuckstücke veräußert. Mit Begeisterung stürzte sie sich in die Aufgabe, „recht guten Kirchengesang einzurichten. Da Friedrich trotzdem er es nicht recht glaubt, durchaus jedes musikalische Verständniß abgeht, so hat er mir die Sache in die Hand gegeben, Herrn Witt etwas anzufeuern. Leider hat auch er sehr wenig Gaben und spielt oft gründlich falsch."[40] Die junge Pfarrfrau überredete Witt, die neue Liturgie der Kirche La Villette zu übernehmen und übte mit ihm Choräle und liturgische Gesänge.

Am 22. Dezember, dem 4. Adventssonntag, wurde die neue Hügelkirche feierlich eingeweiht. Die Schulkinder bezogen ihre neuen Räume und in ihrem bisherigen Holzhaus wurde eine Kleinkinderschule eingerichtet. Zu Heiligabend stand auch im Pfarrhaus ein kleiner Weihnachtsbaum und Ida hatte wieder einmal sehr mit Heimweh zu kämpfen. „Ich bin im Geiste soviel bei Euch", schrieb sie an ihren Vater, „denn in solchen Fällen fühlt man doch gar zu sehr die weite Entfernung." Im gleichen Brief betont sie aber auch, wie glücklich sie in ihrer Ehe mit Friedrich geworden ist: „Du hast Dich nicht in ihm getäuscht, lieber Vater, denn er macht durch Gottes Gnade Dein Kind ganz unbeschreiblich glücklich. Wir lernen uns immer inniger verstehn."[41]

Die Sehnsucht nach ihrer Familie in der Heimat wurde im folgenden Sommer geradezu übermächtig: Ida war schwanger und schwankte zwischen der Freude auf das Kind und der Sorge um ihre Gesundheit. Ihr französischer Arzt riet zu viel Ruhe, hatte aber gegen eine Reise nach Deutschland keine Bedenken. So brachen Ida und Friedrich Mitte August zu einer längeren Deutschlandreise auf. Während sich Ida von ihren Eltern in Haus Heyde und in Hamm von ihrer Schwester Luise umsorgen ließ, verfolgte ihr Mann in erster Linie berufliche Ziele. Er besuchte unter anderem Fliedner in Kaiserswerth, um sich von ihm deutsche Diakonissen für seine Pariser Gemeinde zu erbitten. Am 25. September hielt er eine Rede auf dem 12. deutschen evangelischen Kirchentag in Brandenburg und wenige Tage später eine Predigt in der Friedenskirche zu Potsdam.[42]

Auf der Rückreise nach Paris hatte das Paar noch einen wichtigen Termin wahrzunehmen. Im Februar war der Leiter der Düsseltaler Anstalten Friedrich Georgi gestorben und als sein möglicher Nachfolger war auch Friedrich von Bodelschwingh angefragt worden. Der wollte die Anstalt allerdings erst einmal kennen lernen, ehe er sich entschied. Er wusste, dass dort ganz andere Aufgaben als in Paris auf ihn warten würden: vorrangig Erziehungsarbeit an verwahrlosten Kindern und die Ausbildung junger Männer im Lehrerseminar. Auch Ida hatte Bedenken, ob ihre Kräfte reichen würden, als Hausmutter einer so großen Institution vorzustehen. Ihr Besuch dort Anfang Oktober räumte weder ihre noch Friedrichs Vorbehalte aus, so dass ihr Mann darum bat, die Offerte bis nach Ostern zurückzustellen. Erst dann wollte er sich endgültig entscheiden.[43]

Mit dem Fortgang der Schwangerschaft wuchs Idas Angst vor der Geburt und sie beschäftigte sich viel mit dem Tod. Die Weihnachtsvorbereitungen lenkten sie etwas ab, dennoch fiel es ihr schwer, sich auf das Kind zu freuen. Nur ihr Mann verstand es, sie zu beruhigen und zu trösten: „Friedrich pflegt mir auch das wohl zum Trost zu sagen, wenns mir so bange werden will: man betet viel für Dich in dieser Zeit."[44]

Wochenbettpsychose – gesundheitliche Krise mit Folgen

Am 7. Februar 1863 brachte Ida ihren ersten Sohn zur Welt. Noch am selben Tag schrieb ihr Mann glücklich an seine Mutter, Ida habe zwar „von nachts 3 Uhr bis halb zwei Mittags gekämpft", sie und der Kleine seien aber „den Umständen nach ganz wohl".[45] Wenige Tage später erkrankte Ida jedoch an einer Wochenbettpsychose, deren Symptome Friedrich Anlass zu größter Besorgnis gaben. „... trotz aller Mühe kam sie zu keinem Schlaf – und ihr beständiges Reden ging am Freitag Morgen in Phantasieren über. ... Nachdem sie 50 Stunden unablässig gesprochen – und die letzte Zeit ohne eine Spur von innerem Licht gekämpft und gerungen hat – ist sie seit 1 Stunde eingeschlafen (vielleicht aber nur in Folge eines starken Schlafmittels)“, berichtete er seiner Schwester Frieda am 15. Februar.[46]

Ida konnte ihr Kind nun nicht mehr stillen, zudem rieten die Ärzte Friedrich, sie wieder in den Schweizerhof bringen zu lassen. Vor Antritt der Reise taufte er noch seinen erst acht Tage alten Sohn auf den Namen Ernst. Frieda hatte sich bereit erklärt, den Kleinen in Haus Velmede, dem Stammsitz ihrer Familie, zu versorgen. Nachdem er Ida im Schweizerhof untergebracht hatte, ruhte sich Friedrich noch einige Tage bei seiner Mutter aus und kehrte dann nach Paris zurück.

Erst Mitte März hatte Ida ihre Krankheit soweit überwunden, dass sie wieder Briefe schreiben konnte. In ihnen drückte sie ihre Sorge um ihren „verwaisten“ Mann und die wachsende Sehnsucht nach ihrem „Herzens Söhnchen“ aus.[47] Besuch durfte sie noch nicht empfangen, um so wichtiger waren ihr die fast täglich eintreffenden Briefe Friedrichs, der sie damit über seinen Alltag auf dem Laufenden hielt. Auch Abschriften seiner Sonntagspredigten schickte er ihr und manchmal fand sie zwischen den Blättern ein von ihm selbst gepflücktes Veilchen.

Große Sorgen bereitete ihr in diesen Tagen auch die zu Ostern anstehende Entscheidung in Düsseltal. Friedrich von Bodelschwingh hatte sich inzwischen entschieden, die Berufung anzunehmen, wenn statt seiner Frau zunächst seine Schwester Frieda die Rolle der Hausmutter übernehmen könnte. Über diese Bedingung wurde nun im Kuratorium beraten. Ida war zwar einverstanden mit dieser Lösung, hätte

Ida von Bodelschwingh mit ihrem ersten Sohn Ernst 1863.

aber nach wie vor eine ruhigere Stelle in Deutschland vorgezogen. Zu ihrer Erleichterung entschied man sich in Düsseltal gegen ihren Mann und wählte Pastor Friedrich Wilhelm Imhäußer zum Leiter der Anstalt.[48]

Idas Genesung machte im April große Fortschritte, doch Dr. Laehr empfahl ihrem Mann, mit seinem Besuch bei ihr noch zu warten. Auch auf einen möglichen Entlassungstermin wollte er sich nicht festlegen, zum großen Ärger Friedrichs: „Er ist zu wenig offen, der liebe Mann ... ein zu großer Diplomat", urteilte er in einem Brief an seine Mutter.[49] Er hütete sich aber, Ida gegenüber Kritik an dem von ihr verehrten Arzt zu äußern und übte sich in Geduld.

Zu ihrem Geburtstag am 15. April durfte die Patientin bereits ein Zimmer in Zehlendorf beziehen und wurde im Schweizerhof nur noch ambulant versorgt. Ihr Vater hatte die Erlaubnis erhalten, sie zu besuchen und kam mit ihrer Schwester Elise am Geburtstagsmorgen zu ihr. Idas Freude darüber wurde nur durch die Sorge getrübt, dass sich ihr Mann zurückgesetzt fühlen könnte: „Hoffentlich bist Du nicht wieder neidisch ... und gönnst mir und ihnen diese Freude. Du bist und bleibst in meinem Herzen doch der Beste!", schrieb sie ihm zum Hochzeitstag.[50]

In einem Punkt hatte sich Dr. Laehr ganz klar geäußert: Er halte es nicht für ratsam, dass Ida auf Dauer nach Paris zurückkehrte. Friedrich von Bodelschwingh war im Prinzip bereit, seiner Frau zuliebe eine Stelle in Deutschland zu suchen, doch fühlte er sich noch stark an seine Hügelgemeinde gebunden. Seit Dezember 1862 war er sogar offiziell Eigentümer des „grünen Hügels", den er für die Evangelische Mission erworben hatte. Der Kaufvertrag – und die noch zu tilgende Restkaufsumme von 24.000 Franken – liefen auf seinen Namen, da der Mission zum Abschluss eines Immobiliengeschäftes nach französischem Recht die Korporationsrechte fehlten.[51]

Dazu kam die große Anteilnahme der Gemeindeglieder an Idas Schicksal. In ihrer Krankheitszeit wurde erst richtig deutlich, wie beliebt sie bei den Menschen war und wie sehr die Armen und Kranken ihre Besuche vermissten. Täglich wurde für sie gebetet, auch von den Kindern in der Schule, und alle hofften auf ihre baldige Rückkehr. Friedrich nahm jede Gelegenheit wahr, dies seiner Frau zu schildern und sie zu bitten, doch noch für kurze Zeit mit ihm nach Paris zurückzukehren.[52] Ihre wiedergewonnene Energie und Lebensfreude machten es ihr leicht, auf seinen Wunsch einzugehen: „... dann ziehen wir wills Gott mit Freuden und mit neuem frischem Muth wieder miteinander auf unsern lieben kleinen Berg."[53]

Zu Pfingsten sollte Ida entlassen werden und dann erst einmal mit Mann und Kind einen Monat in Haus Heyde verbringen. Der plötzliche Tod seines Bruders Ernst am 8. Mai zwang Friedrich jedoch, früher als geplant nach Deutschland zu reisen. Im Alter von nur 29 Jahren hatte sein Bruder, der als Leutnant in Cleve stationiert war, nach einer militärischen Übung einen Schwächeanfall erlitten und war kurz darauf gestorben. Auf dem Familienfriedhof im Velmeder Mühlenbruch wurde der junge Offizier neben seinem Vater bestattet. In Velmede sah Friedrich auch seinen kleinen Sohn wieder und beschrieb ihn Ida ausführlich: „Sein Gesichtchen hat sich nicht verändert – schön ist er nicht – aber schelmische, herzige Augen hat er – doch nicht meine, sondern Deine Augen."[54]

Von Velmede aus fuhr Friedrich nach Zehlendorf, um seine Frau abzuholen, aber Dr. Laehr ließ den Ungeduldigen noch eine Woche warten, bevor er zu Ida durfte. Das Wiedersehen verlief äußerlich ruhig – es fand ja auch im Beisein ihrer Mutter statt –, aber Idas Gedanken kreisten von da an nur noch um ihr neues Leben mit Mann und Kind: „... seit ich Dich gesehn, verlangt mich nun mehr wie je nach unserm geliebten Kinde und ich beschäftige mich immerzu mit ihm und mit Dir, so daß nur ⅓ meines Herzens eigentlich noch hier ist."[55] Am 24. Mai brach das Paar zunächst nach Berlin auf, um kurz Idas Familie zu besuchen; dann holten sie den kleinen Ernst aus Velmede ab und richteten sich mit ihm in Haus Heyde ein.

In dieser Erholungszeit ergab sich überraschend eine neue berufliche Perspektive für Friedrich von Bodelschwingh. Er erhielt eines Tages von Pastor Carl Philipps die Aufforderung, ihn am Sonntag in Dellwig bei Unna im Gottesdienst zu vertreten, da er wegen Krankheit verhindert sei. In dem Bauerndorf Dellwig war Philipps bislang allein als Pfarrer tätig, aber weil ihn ein Lungenleiden beeinträchtigte, sollte die zweite Pfarrstelle so bald wie möglich wieder besetzt werden. Die erbetene Vertretung im Gottesdienst stellte also so etwas wie eine Probepredigt dar, zu der sich Bodelschwingh gerne bereit erklärte. Er nahm Ida und den kleinen Ernst mit nach Dellwig, wo sich die Familie bei dem Ehepaar Philipps gleich sehr wohl fühlte.[56]

Die weitere Entwicklung der Dinge warteten Friedrich und Ida in Paris ab. Im Juli 1863 kehrten sie in ihre Hügelgemeinde zurück und nahmen ihre Arbeit wieder auf. Um Ida nicht zu überfordern, nahm Friedrich nun regelmäßig einen

Tag in der Woche „frei" – das heißt die Familie fuhr in einen der großen Pariser Parks, den Bois de Boulogne oder den Bois de Vincennes, und der Pfarrer erledigte seine Schreibarbeiten im Grünen. Der kleine Ernst entwickelte sich gut, aber seine Mutter verlor sich noch häufig in Sorgen und endlosen Grübeleien. „Eigentlich habe ich zwar keine Ursache zu klagen und mich zu grämen", schrieb sie an ihre Schwägerin Frieda, „denn wir leben hier so still und so glücklich, wie kaum je zuvor – aber ich bin eben ein gar schwaches und vielfach angefochtenes armes Kind, das gar oft verzagt."[57]

Ida machte sich vor allem Sorgen um die Zukunft ihrer kleinen Familie. Noch immer war unklar, wohin sie der Weg führen würde, denn zu der Offerte aus Dellwig war nun noch ein zweiter Ruf an ihren Mann ergangen. Der 81-jährige Sekretär der Deutschen Christentumsgesellschaft in Basel Christian Friedrich Spittler wollte Friedrich von Bodelschwingh für die Leitung der Pilgermission St. Chrischona gewinnen. Friedrich war nicht abgeneigt, zumal seine Mutter ihm sehr zuredete und er die Basler Mission aus seiner Studentenzeit kannte. Andererseits zog es ihn – und ganz besonders Ida – in die westfälische Heimat zurück.[58] Was also tun?

Am 17. September wurde Friedrich von Bodelschwingh von der Gemeinde Dellwig mit 18 gegen 13 Stimmen zum zweiten Pfarrer gewählt. Nach kurzer Bedenkzeit nahm er die Wahl an, aber unter der Bedingung, das Pfarramt erst zu Ostern 1864 übernehmen zu müssen, damit er seine Nachfolge in Paris in Ruhe regeln könne. Sein Wunsch wurde berücksichtigt, und am 11. Dezember führte Superintendent Ludwig Polscher ihn in seine neue Stelle in Dellwig ein.

Nach der Vereidigung erhielt der neue Pfarrer gleich wieder Urlaub bis Ostern. Er nutzte seinen Aufenthalt in Dellwig auch zur Besichtigung des Pfarrhauses, von dem er eine Skizze anfertigte, damit sich Ida alles genau vorstellen konnte.[59]

Nun war die Zeit der Ungewissheit vorbei, die Rückkehr in die vertraute Umgebung stand bevor und Ida lebte förmlich auf. „Meine Ida ist so fröhlich und rüstig und geschäftig wie ich sie je gekannt“, schrieb ihr Mann voller Freude an seine Mutter. Zugleich verriet er ihr, dass Ida erneut schwanger war. Sie plante, für die letzten Wochen in Paris ihre jüngste Schwester Sophie zu sich einzuladen, die sich während der Abreisevorbereitungen um ihren kleinen Sohn kümmern sollte.[60]

Sophie kam schon im Januar zu ihr, begleitet von ihrem Bruder Gustav. Die beiden brachten Ida dazu, mit ihnen Paris zu entdecken, und so lernte sie kurz vor ihrer Rückkehr nach Deutschland doch noch die Sehenswürdigkeiten der Seinestadt kennen. Der Louvre und die Kirchen Sainte Chapelle und Notre-Dame beeindruckten sie sehr. Gesundheitlich ging es ihr gut, so dass sie mit Gustav und Sophie lange Ausflüge unternehmen konnte – allerdings ohne ihren Mann, der mit der baulichen Erweiterung der Hügelkirche und mit der Einarbeitung seines Nachfolgers Pastor Carl Berg beschäftigt war.[61]

Mit ihrer Schwester Luise führte Ida in dieser Zeit einen regen Briefwechsel wegen der Einrichtung ihres neuen Heims in Dellwig. Luise wohnte mit ihrer Familie in Hamm, also ganz in der Nähe, und wurde deshalb von Ida mit Aufträgen überschüttet. Sie sollte ihr unter anderem Maler und Tapezierer besorgen, die Tapeten für sie aussuchen, ein

Bettchen für ihr Kind kaufen und den Garten des Pfarrhauses für sie inspizieren. Außerdem bat sie Luise, sich für sie nach einer „treuen Pflegerin“ für die Zeit nach der Geburt umzusehen.[62] Vor einer erneuten Erkrankung im Wochenbett hatte sie etwas Angst, doch die zunehmend hektischer werdenden Umzugsvorbereitungen drängten ihre Besorgnis in den Hintergrund.

Am 23. April 1864 hielt Friedrich von Bodelschwingh seine Abschiedspredigt in der Hügelkirche. Noch immer war die rechtliche Regelung der Eigentumsfrage am Hügel nicht geklärt. Erst einen Tag vor der geplanten Abreise nach Deutschland kam eine Vereinbarung zustande, in der zu Bodelschwinghs Entlastung erklärt wurde, dass die Mission für alle noch zu leistenden Zahlungen aufzukommen hatte.[63] Am 28. April verließen Ida und Friedrich von Bodelschwingh die Pariser Gemeinde und fuhren nach Dellwig.

„Die Musik macht mir unbeschreibliche Freude". Ida von Bodelschwinghs Liebe zur Musik

Ida von Bodelschwingh war „eine Meisterin auf dem Klavier und eine große Freundin und Kennerin der kirchlichen Musik", berichtet Caroline von Zacha über ihre Freundin.[64] Ihre Musikalität wurde im Elternhaus bereits früh gefördert, denn ihr Vater legte Wert darauf, dass alle seine Kinder ein Instrument erlernten – auch mehrere, wenn sie Lust dazu hatten. So spielten Udo und Gustav außer Klavier auch Violine und Cello. Ida bevorzugte das Klavierspiel und übte oft stundenlang.[65]

Die Bodelschwingh-Kinder wuchsen wie selbstverständlich mit Hausmusik auf, die im Familienkreis wie auch mit Gästen gepflegt wurde. Ihr Vater liebte Trios und ließ sich jeden Sonntag nach dem Mittagessen von seinen Kindern vorspielen. Dabei musste Ida gewöhnlich den Klavierpart übernehmen, was manchmal ihren eigenen Wünschen zuwiderlief. „Den Nachmittag mögte ich gar zu gern einmal zu einem etwas längeren Besuche bei Caroline benutzen, die ich seit beinahe 14 Tagen nicht sah, aber ich wage nicht recht es zu sagen", vertraute sie ihrer Schwester Luise an. Zu ihrem

Glück fand sich bei dieser Gelegenheit ein Gast zum Essen ein, der sie anschließend im Trio vertrat.[66]

Das Vorspielen war nicht so ihre Sache, lieber musizierte sie allein oder mit ihren Geschwistern zusammen. Besonders Gustav teilte ihre Begeisterung für die Musik. Mit ihm nahm sie in Berlin Gesangsunterricht und ein Abonnement für die Cello-Soireen des Generalleutnants von Bülow. Als sie mit ihrem Mann im Herbst 1861 Gustav in Heidelberg besuchte, fanden die Geschwister auch dort eine Möglichkeit, vierhändig Klavier zu spielen: „Am andern Morgen gingen wir miteinander zu einem Instrumentenmacher und baten uns für eine Stunde ein Clavier zu erlauben und während Friedrich einige Besuche machte, musizierten Gustchen und ich dort."[67]

Klavierspiel und Gesang waren für Ida nicht nur ein Quell der Freude, sondern gaben ihr auch Trost und Halt in Zeiten der Krankheit. Auch im Schweizerhof stand ihr ein Klavier zur Verfügung, auf dem sie unermüdlich spielte, „denn die Musik macht mir jetzt unbeschreibliche Freude, und ich habe hier ja vollauf Zeit, sie täglich fleißig zu üben."[68]

Im Alltag benutzte sie Klavierspiel und Gesang als Ventil für ihre Gefühle, die sie manchmal zu überwältigen drohten. Das galt für überschäumende Freude und Dankbarkeit ebenso wie für tiefe Trauer und Einsamkeit. „Was Mutter sonst selten in Worten aussprechen kann, das drückt sie in Melodien aus", erinnert sich ihr jüngster Sohn Friedrich in seinem Buch „Aus einer hellen Kinderzeit". „Sie reden von dem heimlichen Druck ihres Herzens. Sie reden von einem kindlichen Vertrauen auf die Hand, die von oben kommt und ihr hilft."[69]

Die Musik gehörte für Ida von Bodelschwingh aber nicht nur in den privaten Bereich, sondern bildete auch einen festen Bestandteil ihres „Berufs“ als Pfarrfrau. In Paris hatte ihr Mann ihr die Aufgabe übertragen, die Qualität des Kirchengesangs zu verbessern, der in ihrer Gemeinde einen Schwerpunkt der Gottesdienste ausmachte. „Der Gesang ist hier unter den Deutschen eine große Hauptsache, wenn sie ... müde nach der schweren Arbeit noch herkommen, schlafen sie bei einer eigentlichen Predigt direkt ein, drum wird jetzt viel gesungen“, erläuterte Ida ihrer Schwägerin Frieda etwa ein halbes Jahr nach ihrer Ankunft in Paris.[70]

Mit großer Energie und Zähigkeit kümmerte sie sich um die Durchsetzung der neuen Liturgie der Kirche Villette, stritt sich deswegen sogar mit dem widerspenstigen Lehrer Heinrich Witt, der gegen ihre Einführung in der Gemeinde war. Aus Berlin ließ sie ein Choralbuch und „J. Hengstenbergs Anleitung zu liturgischen Gesängen“ kommen und sorgte dafür, dass sie benutzt wurden. Auf der Grundlage ihrer musikalischen Kenntnisse und Fähigkeiten urteilte sie in Briefen an ihre Angehörigen häufig kritisch über andere: „Da bringt er [Herr Witt] nun eigene Compositionen und Alles mögliche durcheinander und mir war der Gesang immer wenig erquicklich ... Das Clavierspiel der Franzosen ist auch ganz ihrem Charakter ähnlich, Chopin spielen sie reizend, aber Beethoven z.B. können sie gar nicht fassen.“[71]

Auch die Orgel spielte Ida von Bodelschwingh sehr gerne und sprang in Paris, in Dellwig und später in Bethel immer mal wieder als Organistin ein. 1891 ließ sie sich sogar zur Mitwirkung an einem Bethel-Konzert überreden.[72] Ihre Schwester Luise, die häufig Hauskonzerte in größerem Rahmen veranstaltete, plante Ida stets als Pianistin ein. Ihre Begeisterung für die Musik konnte auch ihr zeitweise schlechter Gesundheitszustand nicht beeinträchtigen. So erwähnt sie in einem Brief an ihre Mutter vom März 1883, sie habe kürzlich trotz Erschöpfung und starker Magenschmerzen mit einem Gast Beethoven vierhändig gespielt.[73]

Nur ihre Pflichten als Pfarrfrau, Hausfrau und Mutter waren ihr noch wichtiger und raubten ihr vor allem in den Bielefelder Jahren oft die Zeit zum kontinuierlichen Üben. In dieser Hinsicht beneidete sie manchmal ihre ledig gebliebenen Schwestern Elise und Sophie in Berlin, die mehr Zeit für die Musik hatten und mehr Gelegenheiten, hochklassige geistliche Konzerte zu hören. Nach Besuchen bei ihnen fand sie meist schwer in ihren hektischen Pfarrhausalltag zurück, der ihr immer seltener Zeit ließ für Klavierspiel und Gesang.[74]

III.

Dörfliches Pfarrleben in Dellwig

Erfüllung in Haushalt und Kindererziehung

Im westfälischen Dellwig erwartete die Bodelschwinghs ein ganz anderes Leben als in der Pariser Hügelgemeinde. Zur Gemeinde gehörten insgesamt sechs Ortschaften: Dellwig, Billmerich, Altendorf, Langschede, Strickherdecke und Ardey. Da Pastor Philipps wegen seines Lungenleidens keine langen Wege mehr machen konnte, übernahm er die Schreibarbeiten und überließ Friedrich von Bodelschwingh die Gottesdienste, den Konfirmandenunterricht und die Seelsorge bei den Gemeindegliedern. Im Gegensatz zur Pariser Gemeinde fand der neue Pfarrer in Dellwig gewachsene dörfliche Strukturen vor – und trinkfeste Westfalen, die dem Fremden zunächst einen eher kühlen Empfang bereiteten.[75]

Mit 633 Talern lag sein Gehalt noch unter seinen Pariser Einkünften und das seiner Familie zugedachte Pfarrhaus war eher klein und unansehnlich. Doch Ida störte beides nicht. An sparsames Haushalten war sie inzwischen gewohnt und das Haus erschien ihr riesig im Vergleich zu ihrem Pariser „Hüttchen". Die Küche war so groß, dass sie einen Teil des Raumes als Speisestube einrichten konnte. Neben dem

Badezimmer gab es noch drei weitere Räume im Erdgeschoss. „Dahinter die lange schmale Stube dachte ich als bessere Stube einzurichten“, schrieb sie an ihre Schwester Luise. „Der Wehestube gegenüber unten sollte Friedrichs Studierstube sein ... oben unsere Schlafstube und Kinderstube und gegenüber 2 Fremdenstübchen.“[76]

Die anstrengende Reise von Paris nach Dellwig im April 1864 hatte die inzwischen im siebten Monat schwangere Ida gut überstanden, dennoch war sie froh, beim Einrichten des neuen Hauses Hilfe zu haben. Ihre Mutter und die Schwestern Luise und Elise packten mit an oder schickten ihre Bediensteten zum Helfen. Von Haus Heyde wurden Möbel nach Dellwig transportiert und die Eltern boten Ida ihren Gärtner an, um im Pfarrgarten „die Anlagen zu machen.“ Das erschien ihrer Tochter aber doch etwas zu aufwändig: „Die Leute in Dellwig halten sich ja nur darüber auf und Du kannst glauben solch armer neuer Pfarrer und besonders seine Frau wird schon genug bekrittelt.“[77]

Mitte Juni hatte Ida Haus und Garten zu ihrer Zufriedenheit eingerichtet und bereitete sich auf die bevorstehende Geburt vor. Ihr neuer Hausarzt Dr. Kipp hatte die Schwangerschaft für normal befunden und ihr nur Spaziergänge verordnet, so dass sie nun jeden Tag die neue Umgebung erkundete. Ohne die Ablenkung durch die Einrichtungsarbeit wuchs wieder ihre Angst vor der Geburt und den möglichen Folgen für sie und ihre Familie. Falls sie erneut so schwer erkranken sollte, schrieb sie an Luise, „dann müßtet Ihr Rath schaffen, aber vor Allem meinem theuren Friedrich sein Söhnchen nicht hinfort nehmen, es ist seine ganze Freude und Erfrischung.“[78]

Am 16. Juli 1864 brachte Ida ihre Tochter Elisabeth zur Welt. Ihre Mutter war bei ihr, um sie nach der Geburt zu pflegen, aber Ida erholte sich diesmal rascher als erwartet. Knapp drei Wochen danach schrieb sie überglücklich an Maria Witt in Paris, sie fühle sich „eigentlich wieder ganz frisch und wohl, bin nachmittags und abends wieder mit unten und durfte gestern zum ersten Mal wieder zur Abendandacht spielen.“[79] Am 9. August fand Elisabeths Taufe statt, zu der viele Verwandte aus Haus Heyde, Velmede und Hamm eingeladen waren.

Die Nähe zu ihrer Familie und das ruhige Dorfleben stabilisierten Idas Gesundheitszustand nachhaltig. Sie grübelte nicht mehr so viel, sondern tauschte sich stattdessen mit ihrer Mutter und ihren Schwestern aus, besonders mit Luise, die selbst schon mehrere Kinder hatte. Bereits im September ging es ihr so gut, dass sie mit Friedrich und den beiden Kindern nach Velmede fahren konnte und ein Missionsfest auf der Wilhelmshöhe besuchte. Auch ihre Pflichten als Pfarrfrau nahm sie wieder auf, spielte zeitweise die Orgel bei Gottesdiensten und suchte zusammen mit ihrem Mann Not leidende Gemeindeglieder auf.[80]

Allmählich gewöhnte sich Ida an ihren dörflichen Pfarrhaushalt, wenn auch die örtlichen Gepflogenheiten sie manchmal noch überraschten. Zur Anmeldung der Konfirmanden kamen beispielsweise Anfang November deren Mütter zu ihr ins Haus und brachten ein Körbchen mit Lebensmitteln für sie mit. „Eier, Butter, Hühner – das ist gar nicht so übel“, berichtete sie Luise zufrieden. Allerdings erwarteten die Frauen dafür, von ihr verköstigt zu werden. Mit Hilfe ihrer zwei Dienstmädchen bewältigte Ida bis zu sechs

Besucherinnen am Tag. Die Mädchen versorgten auch die Kuh, die sich Ida und Friedrich im Herbst angeschafft hatten. Mit ihrer Milch und mit Gemüse, Salat, Kartoffeln und Obst aus dem Garten konnte sich die Pfarrfamilie teilweise selbst versorgen.[81]

Ihr erstes Weihnachtsfest in Dellwig verlebte Ida mit ihrer Familie in großer Freude und Dankbarkeit für ihr neues Zuhause. Ihr Mann hatte zwar viel Arbeit vor und an den Feiertagen – neben den Gottesdiensten musste er noch zwei Taufen und vier Beerdigungen halten –, bescherte aber trotzdem seinem Sohn Ernst ein selbst gestaltetes Bilderbuch und überraschte Ida mit einer schriftlichen Liebeserklärung unter dem Weihnachtsbaum:

„Mein Liebes Herzensfrauchen! Hiermit wollte ich mich unter dem brennenden Weihnachtsbäumchen, in Gegenwart unserer beiden lieben Kinderchen, die Du mir geschenkt hast – Dir aufs Neue verschreiben und im Namen des treuen Gottes, der Dich mir geschenkt hat, aufs Neue geloben, Dir allein anzugehören, es werde mit Dir besser oder schlimmer, Du werdest reicher oder ärmer, Du seiest krank oder gesund, Dich zu lieben, Dich zu pflegen, Dich zu tragen und zu stützen; mich mit Dir zu freuen und mit Dir zu leiden – bis daß der Tod uns hoffentlich nur auf kurze Zeit von einander scheidet. Dazu wolle Gott helfen Deinem Dich herzinnig liebenden Manne – Friedrich.“[82]

Im Januar 1865 nahm Friedrich von Bodelschwingh ein neues Projekt in Angriff, das auch für Ida mehr Arbeit bedeutete. Auf Anregung seines Schwagers Constantin von Quadt gab er als verantwortlicher Redakteur ein Sonntagsblatt für die Grafschaft Mark heraus, den „Westfälischen

Hausfreund". Es sollte keine Kirchenzeitung im engeren Sinne sein, sondern „altpreußisch-konservativ und christlich".[83] Bodelschwingh schrieb für das Blatt seelsorgliche und erbauliche Beiträge, die politischen Berichte übernahm Pastor Karl Niemann aus Mark und Philipps versorgte den „Hausfreund" mit „Nachrichten aus der Natur". Ida unterstützte ihren Mann, indem sie seine Artikel sauber abschrieb und an den Verleger F.W. Rubens in Unna schickte.

In ihrem Haus ging es in dieser Zeit sehr lebhaft zu. Im Frühjahr gaben sich bei ihr Verwandte und befreundete Pfarrer die Klinke in die Hand. „Alle machten hier einige Ruhetage bei uns und fühlten sich so behaglich und glücklich, außer dem Getriebe zu sein", schrieb Ida an Maria Witt, die mit ihrem Mann Paris inzwischen ebenfalls verlassen hatte und wieder in Deutschland lebte.[84] Während sich ihre Gäste erholten, hatte Ida mit ihnen reichlich Arbeit, besonders mit ihrem Vetter Ernst von Quadt. Ohne Beschäftigung und Einkommen, strapazierte er Idas Gastfreundschaft über drei Monate lang, bis sie schließlich ihren Mann drängte, eine andere Lösung für den Vetter zu finden. Nun kam er nur noch zum Mittagessen zu ihr, wohnte bei Pastor Philipps und wurde von Friedrich mit kleinen Aufgaben beschäftigt.[85]

Im Sommer erwartete Ida ihr drittes Kind und wurde wieder von ihren alten Ängsten geplagt. Körperlich ging es ihr aber so gut, dass sie auf Wunsch ihres Mannes einen „Missionsverein" für die weiblichen Gemeindeglieder ins Leben rief. „Es fanden sich wirklich 18 Bauern-Frauen und Mädchen ein, die mit großem Eifer ihr Strickzeug anfingen, wir sangen und lasen abwechselnd und es wurde beschlossen, alle 3 Wochen zusammenzukommen."[86] Der Gästestrom im

Pfarrhaus ließ im September allmählich nach, so dass Ida und Friedrich im Herbst beginnen konnten, die Schlafstube auszubauen, die schon für sie beide und die kleine Elisabeth sehr eng war.

Am 28. Februar 1866 brachte Ida einen Jungen zur Welt, der auf den Namen Friedrich getauft wurde. Sie stand die schwere Geburt ohne Arzt durch, obwohl sie 17 Stunden in den Wehen lag und schon fürchtete, das Kind sei tot.[87] Der Junge war aber gesund und entwickelte sich gut. Ida erholte sich nur langsam von der Geburt und war gerade so weit, dass sie ihren Haushalt und die drei Kinder wieder allein versorgen konnte, als ein bedrohliches Ereignis eintrat: Der preußisch-österreichische Krieg brach aus.

Allein in Kriegszeiten. Der preußisch-österreichische Krieg als Bewährungsprobe

Der Ausbruch des so genannten „Deutschen Krieges" im Frühsommer 1866 hatte weitreichende Folgen für die Familie von Bodelschwingh. Ebenso wie Otto von Bismarck trat auch Idas Vater für eine Einigung des Deutschen Reiches unter Führung Preußens ein, lehnte jedoch einen Krieg zwischen Deutschen zur Erreichung dieses Zieles ab. Mit dieser Ansicht stand er allerdings allein im Kabinett. Bismarck setzte seine Kriegspolitik durch und Carl von Bodelschwingh sah sich gezwungen, als Finanzminister die Mittel für den Krieg bereitzustellen. Das konnte er mit seinem Gewissen nicht vereinbaren und nahm im Juni 1866 seinen Abschied.[88]

Friedrich von Bodelschwingh vertrat dagegen eine andere Einstellung zum Kriegsausbruch. Er war davon überzeugt, dass das Recht auf Seiten des preußischen Königs Wilhelm I. und seines Ministerpräsidenten Bismarck lag, die nichts weiter taten, als die Ehre ihres Landes gegen österreichische Übergriffe zu wahren. Beide wussten sich seiner Ansicht nach vor Gott verantwortlich und handelten nicht leichtsinnig, sondern pflichtbewusst zum Wohle ihres Volkes. Daher hielt es der Pfarrer auch für seine Pflicht, sich nach seinen Kräften am Krieg zu beteiligen und meldete sich freiwillig als Feldprediger.[89] Auch Idas Brüder Ernst, Carl, Gustav und Udo zogen in den Krieg, in dem sich die meisten norddeutschen Staaten unter Führung Preußens und die süddeutschen Staaten sowie Hannover unter Führung Österreichs gegenüberstanden.

Während Friedrich von Bodelschwingh noch auf seine Einberufung wartete, forderten die Kriegshandlungen erste Opfer in seiner Familie. Sein Schwager Carl fiel am 2. Juli in der Schlacht bei Königgrätz, Gustav wurde am Arm verletzt und kam zur Behandlung in ein Dresdner Lazarett. In Idas Trauer mischte sich nun große Sorge um ihren Mann, der der Mainarmee zugeteilt wurde und sich am 10. Juli auf den Weg machte. In Münster bekam er ein Pferd und die Anweisung, sich in Bebra bei General Göben einzufinden. Begleiten sollte ihn ein „Bursche" aus dem Münsterland, der Friedrich sehr gut gefiel: „Er ist katholisch – aber brav und treuherzig", schrieb er in seinem ersten Gruß an Ida.[90]

Friedrich von Bodelschwingh kam aber nur bis Kassel, wo er erfuhr, dass die Eisenbahn defekt und keine Weiterreise zu General Göben möglich war. Stattdessen forderte ihn Major von Preuß für sein Korps von 6000 Mann als Feldprediger an. Mit ihm brach Bodelschwingh am 14. Juli nach Bayern auf. Er schrieb Ida fast täglich und seine Briefe erreichten sie auch – nur ihre Briefe kamen bei ihm nicht an. Noch am 20. Juli, wo er bereits in Aschaffenburg angekommen war, hatte er keinen einzigen Brief erhalten und machte sich langsam Sorgen um seine Familie.[91]

Zu dieser Zeit bereitete Ida in Dellwig ihre Abreise nach Haus Heyde vor, wo sie und die Kinder den Sommer verbringen wollten. Auch Luise wollte mit ihren Kindern dorthin kommen, um ihre Eltern und die Schwestern Lina, Marie, Elise und Sophie wiederzusehen. Ihre Mutter gehörte zu den Begründerinnen eines Unterstützungsvereins für die Lazaretthilfe und stellte das Gut einmal wöchentlich für die Mitglieder des Vereins zur Verfügung. Dann wurden – auch mit Hilfe Idas und ihrer Schwestern – Decken, Kleidung und Verbandszeug zugeschnitten und verarbeitet. Die fertigen Teile schickte die Familie nach Berlin.[92]

Neben der Näharbeit hatte Ida noch eine weitere Beschäftigung, die sie stark in Anspruch nahm. Ihr Mann schickte ihr mit jedem Brief seitenlange Berichte über seine Erlebnisse im Kriegsgebiet, die für den „Hausfreund" bestimmt waren. „Du hast versprochen, mein Gekritzel abzuschreiben. – Halte Wort und bessere den Inhalt nach Belieben", forderte er sie auf.[93] Ida schrieb alles sorgfältig ab und schickte die Texte an Verleger Rubens in Unna. Unter dem Titel „Aus dem Tagebuch eines Feldpredigers" erschienen Bodelschwinghs Aufzeichnungen vom 22. Juli bis 2. September anonym im „Hausfreund".

Am 27. Juli bekam Friedrich von Bodelschwingh in Würzburg endlich den ersten Brief seiner Frau, der beunruhigende Nachrichten über seinen Schwager Gustav enthielt. Idas

Vater war mit Elise nach Dresden gereist, damit diese ihren Bruder dort weiter pflegen sollte. Die Wunde hatte sich jedoch infiziert, hohes Fieber kam dazu, so dass Idas Mutter ebenfalls zu ihrem Sohn fuhr. Die Sorge um ihren Lieblingsbruder und die Angst um ihren Mann, der sich mit dem Regiment General von Manteuffels nun mitten im Schlachtgetümmel befand, bewogen Ida zu einem außergewöhnlichen Schritt: Sie richtete die Briefe vom 30. und 31. Juli direkt an den General mit der Bitte, sie an ihren Mann weiterzuleiten. Dennoch erfuhr Friedrich erst nach Tagen vom Tod Gustavs, der am 3. August in Haus Heyde beigesetzt worden war.[94]

Nach einem kurzen Heimaturlaub bei seiner trauernden Familie kehrte er zu seiner Truppe zurück, die inzwischen feste Standorte im nördlichen Baden bezogen hatte. Es herrschte Waffenruhe, aber die Friedensverhandlungen zogen sich hin. In Darmstadt logierte Friedrich von Bodelschwingh bei dem Prälaten Karl Zimmermann und fühlte sich da sehr wohl. „Die Prälatenfamilie pflegt mich prälatenmäßig“, schrieb er scherzhaft an seine Frau.[95] In seiner seelsorgerischen Tätigkeit in den Feldlagern und Lazaretten ging Bodelschwingh völlig auf: „Nie in meinem Leben habe ich mich so sehr in meinem Beruf gefühlt als hier.“[96] Von einer raschen Heimkehr war in seinen Briefen keine Rede mehr.

Ida dagegen litt zunehmend unter der langen Trennungszeit. Sie trauerte um ihre Brüder und machte sich große Sorgen um ihren Mann, weil in den Dörfern der Bergstraße unter den Verwundeten die Cholera ausgebrochen war. Immer flehentlicher beschwor sie ihn, nach Hause zu kommen: „Ich kanns nicht mehr gut aushalten, Dich noch länger zu missen, bin so ganz unten."[97] Aber Friedrich weigerte sich kategorisch. Solange keine Ablösung für ihn in Sicht wäre, könne er seine kranken Soldaten nicht verlassen. Idas Sorgen um ihn erschienen ihm völlig unnötig.

Zum ersten Mal in ihrer fünfjährigen Ehe trat eine tiefe Meinungsverschiedenheit zwischen dem Paar auf. Für den Pfarrer stand außer Frage, dass seine Pflicht als Seelsorger für die Soldaten Vorrang vor seinen Pflichten der Familie gegenüber hatte, während Ida dies für die Zeit des Krieges wohl einsah, nicht aber während der nun laufenden Friedensverhandlungen. Ihrer Ansicht nach wurde ihr Mann zuhause ebenso dringend gebraucht, um der Familie in ihrer Trauer beizustehen. Auch als die Leiche des in Königgrätz gefallenen Carl am 29. August endlich nach Haus Heyde gebracht und am 1. September dort beerdigt werden konnte, war Friedrich nicht dabei, da er keine Vertretung gefunden hatte. „Ein Deserteur mag ich nicht sein."[98]

Bodelschwinghs Dienst als Feldprediger endete erst am 9. September. An diesem Sonntag hielt er in einem Kasseler Lazarett seinen letzten Gottesdienst und reiste am folgenden Tag mit zwanzig transportfähigen Verwundeten in die westfälische Heimat.[99] Zu Idas großer Erleichterung war damit die zweimonatige Trennungszeit überstanden, während der sie sich oft gefühlt hatte „wie ein kleiner Gartenbaum, dem die Stütze genommen ist und der nun mehr wie je hin und her wankt."[100] Nun konnte sie mit Friedrich und den Kindern zu ihrem ruhigen Pfarrhausalltag in Dellwig zurückkehren.

Brief von Ida von Bodelschwingh an ihre Schwester Luise vom 19. Dezember 1867.

Vom Tod umgeben – das Katastrophenjahr 1869

Mit dem ruhigen Leben im Pfarrhaus war es allerdings ein halbes Jahr später schon wieder vorbei. Anfang Mai 1867 starb Pastor Philipps an seinem langjährigen Lungenleiden. Für Friedrich von Bodelschwingh verdoppelte sich nun die Arbeit in der Gemeinde, zudem brachen um die Neubesetzung der Pfarrstelle heftige Konflikte im Presbyterium aus.[101] Idas Mitgefühl für die verarmte Witwe und ihre Kinder war groß. Sie bat gleich ihre Schwester Luise um ein paar Kleider für die Halbwaisen, die als Spielgefährten ihrer eigenen Kinder im Pfarrhaus ein und aus gingen. Sie selbst war wieder schwanger und erwartete Ende des Jahres ihr viertes Kind.[102]

Am 29. Dezember brachte sie einen Jungen zur Welt, der auf den Namen Carl getauft wurde. Die Geburt war lang und schwer und Ida erholte sich nur langsam davon. Sie litt immer noch unter großer Schwäche und einer hartnäckigen Brustentzündung, als die Familie ein neuer Schicksalsschlag traf: Friedrichs Schwester Sophie Oven starb völlig überraschend im Alter von nur 35 Jahren. Sie hinterließ ihren Mann Julius mit fünf kleinen Kindern.

Ida war erschüttert von dem Tod ihrer Schwägerin, mit der sie sich sehr gut verstanden hatte. „Du weißt“, schrieb sie an ihre Mutter, „wie tief betrübt ich war und noch bin, wie die Sorge um meinen Friedrich, dem man die schwersten Stunden mit dem armen in große Kämpfe hinein gerathenen Julius ganz allein überließ, mich aufs tiefste erschütterte. Das war zu viel für ihn und für mich, und die vielen Kummerthränen machten wohl meine Brust so schlimm und mich matt und immer matter, daß das Schwerste zu befürchten war."[103]

Es dauerte noch Wochen, bis sich Ida von der schmerzhaften Entzündung erholt hatte und ihren Haushalt mit nunmehr vier Kindern wieder ohne die Hilfe ihrer Schwester Elise bewältigen konnte. Im Sommer wurde sie erneut schwanger und konnte sich zunächst kaum darüber freuen. Zu frisch war noch die Erinnerung an die letzte schwierige Geburt und die langsame Genesung. Vielleicht reichten ihre Kräfte noch nicht für eine weitere Schwangerschaft, jedenfalls erlitt sie im dritten Monat eine Fehlgeburt und musste den ganzen Oktober hindurch von ihrer Mutter und Elise gepflegt werden.[104]

Kurz vor Weihnachten – Ida war wieder gesund und steckte mitten in den Festvorbereitungen – erkrankte ihr ältester Sohn Ernst an „Stickhusten".[105] Er hatte sich bei seinem Cousin Alfred, Luises Sohn, in Münster angesteckt. Bis zum Jahreswechsel hatten dann auch seine Geschwister den Keuchhusten und Ida beriet sich mit Luise über die richtige Behandlung: „Nun gieb Du mir bitte umgehend eben Rath, wie man es mit der Diät halten muß ... Friedrich hat so ungern einen Arzt, weil er ihm zu viel Medizin verschreibt und wenn nichts anderes dazukommt, geht's bei dem Stickhusten am Ende auch so."[106]

Auch ihrer Mutter schilderte Ida detailliert die Krankheitssymptome ihrer Kinder, woraufhin diese ihr aus Berlin einige homöopathische Mittel schickte und ihr empfahl, dafür den „Brustthee" wegzulassen. Ida befolgte den Rat und gab „auch keinen Kaffee mehr, den der kleine wunderliche

Ernst so sehr liebt."[107] Zunächst schien es, als ob die Kinder den Keuchhusten ohne Komplikationen überstehen würden, doch am 6. Januar 1869 stieg bei Ernst und dem kleinen Friedrich das Fieber so stark an, dass die Eltern den Arzt kommen ließen. Er diagnostizierte bei beiden Kindern eine Lungenentzündung.

Nun wachten Ida und Friedrich abwechselnd an den Betten ihrer schwerkranken Kinder. Gegen das hohe Fieber bekamen die kleinen Patienten Aconit und Belladonna. Die Pflege ihres Ältesten strengte Ida besonders an. „Das liebe Kind giebt sich nur sehr hin und macht mich ganz elend das beständige Lamentieren. Der kleine Friedrich ... ist darin ganz anders", schrieb sie ihrer Schwester Lina.[108] Trotz ihrer Erschöpfung und der großen Angst um die Kinder fand sie noch Zeit, ihren Bruder Ernst zu trösten, dessen Kinder ebenfalls stark fieberten.[109] Kurz darauf erreichte sie die Nachricht vom Tod seiner jüngsten Tochter Frieda.

Am 12. Januar verschlimmerte sich der Zustand des zweijährigen Friedrich besorgniserregend und Ida und Friedrich bereiteten sich auf das Schlimmste vor. Die letzten Minuten mit ihrem kleinen Sohn beschreibt Ida ergreifend in einem Brief an ihre Mutter: „Gegen ½ 11 schlossen Friedrich und ich die Thür zu und blieben mit unserm Liebling allein, seufzten und weinten erst laut, bis es still und immer stiller im Stübchen wurde – denn wir lauschten auf den letzten Athemzug – aber noch einmal raffte der liebe Kleine all seine Kräfte zusammen, streckte die Händchen aus und rief: auf Mamas Schoß. Ich nahm ihn nur zu gern, gab noch einen Schluck Wasser und als er sah, daß ich weinte, wischte er mir die Thränen ab – eine Minute darauf schon brach das Auge und ohne Kampf schlummerte unser kleiner Liebling ein.“[110]

Auf Idas dringende Bitte hin reisten ihre Mutter und ihre Schwester Marie umgehend nach Dellwig, um sie bei der Pflege der anderen Kinder zu unterstützen. Auch Elisabeth und Carl waren inzwischen an Lungenentzündung erkrankt. Aber alle Mühe war vergeblich; am 20. Januar starb Elisabeth und ihr jüngster Bruder folgte ihr vier Tage später. Am Tag darauf, dem 25. Januar, verloren die Eltern auch noch ihren ältesten Sohn Ernst.

Idas Trauer war unbeschreiblich. Erst über eine Woche nach Ernsts Tod fand sie wieder die Kraft, an ihre Schwester Luise und ihren Vater zu schreiben. Ihrer Schwester vertraute sie dabei ein Geheimnis an, das sie in diesen dunklen Stunden der Verzweiflung aufrecht hielt. „Aber die stille Hoffnung ist so süß unter den vielen Thränen – bitte liebe Luise behalte es aber noch ganz für Dich – es könnte ja sein, daß es wieder ginge wie damals – doch traue ichs dem lieben Gott wohl zu, daß Er uns auch wieder erfreut nach der großen Betrübniß.“[111] Ihre erneute Schwangerschaft stärkte ihren Lebensmut, auch wenn sie sich körperlich elend und erschöpft fühlte. Auch Friedrich litt sehr unter dem Tod seiner Kinder, bewältigte seine Trauer aber anders als seine Frau: „Friedrich kann sich stiller in Glauben und Hoffnung ... getrösten; seine mehr geistige Arbeit zieht ihn auch mehr ab als mich, wenn ich so still an meiner Näharbeit sitze, wo sonst immer Eins oder das Andere hereingesprungen kam und nun kein Laut mehr im ganzen Hause von fröhlichen Kinderstimmen!“[112]

Da Ida sich im Pfarrhaus einsam fühlte, wenn ihr Mann in der Gemeinde unterwegs war, schlug Friedrich ihr Anfang

Gräber der ersten vier Kinder auf dem Dellwiger Friedhof.

März eine Reise zu seiner Mutter nach Dillenburg vor. Das Zusammensein mit ihrer Schwiegermutter, mit der sie sich immer schon sehr gut verstanden hatte, tat Ida gut. Allerdings lag Charlotte von Bodelschwingh mit einem Lungenkatarrh im Bett, so dass es bei einem kurzen Besuch blieb. Doch zuhause wurde Ida bald wieder „in der großen Einsamkeit gar so bange", wie sie ihrer Schwester Luise gestand.[113] Daher reiste sie mit Friedrich bereits Ende März wieder fort, diesmal nach Heyde, wo ihr Vater und ihre Schwester Marie sie erwarteten. Von da aus ging es Mitte April zu ihrer Mutter nach Berlin. Friedrich von Bodelschwingh hatte sich einige Wochen in der Gemeinde beurlauben lassen, um im pommerschen Ducherow bei der Einrichtung eines Waisenhauses zu helfen.[114]

Während er damit beschäftigt war, wohnte Ida in Berlin bei ihrer Freundin Frieda Hengstenberg. Dort ging es stiller zu als bei ihrer Mutter. Sie machte keine Besuche und ruhte sich viel aus, half aber ihrem Mann bei der Einwerbung von Spenden für das Waisenhaus. Das Schreiben der Bittbriefe an Verwandte und Bekannte lenkte sie etwas von ihrer Trauer ab. Friedrich vermisste seine Frau sehr, nahezu täglich schrieb er ihr von Ducherow aus. Abends allein in seinem Zimmer empfand er den Verlust seiner Kinder besonders: „Ich konnte mich eben auch mal wieder recht ausweinen in der Sehnsucht nach unseren süßen 4 Kinderchen."[115]

Und die Reihe der Schicksalsschläge in diesem Jahr war noch nicht beendet. Kaum waren Ida und Friedrich Mitte Mai nach Dellwig zurückgekehrt, wurde Friedrich nach Dillenburg gerufen, weil sich der Zustand seiner Mutter dramatisch verschlechtert hatte. Am 27. Mai starb Charlotte von

Bodelschwingh im Alter von 76 Jahren. Friedrich vergrub sich daraufhin mehr denn je in der Gemeindearbeit, während bei Ida der neue Todesfall schmerzliche Erinnerungen an das Sterben ihrer Kinder weckte. Für die näher rückende Geburt wagte sie noch keine Vorkehrungen zu treffen, „wo der Herr so oft die Pläne, Rechnungen und Wünsche zerstört. – Die Freude will so wenig Raum bei mir gewinnen, weil's der Thränen so viele giebt", schrieb sie an ihre Mutter Anfang Juni.[116]

Am 27. September brachte sie einen Jungen zur Welt, der auf den Namen Wilhelm getauft wurde. Friedrich berichtete Idas Vater noch am gleichen Tag, dass das Kind zwar gesund, aber mit gespaltener Lippe geboren worden sei. Ida sei nach der langen Geburt erschöpft und habe Angst, dass Gott ihr den Sohn wieder nehmen könnte.[117] Nach wie vor wurde sie von Trauer und Angst vor der Zukunft beherrscht.

Abschied von Dellwig

Im November 1869 reisten Ida und Friedrich mit ihrem Baby nach Berlin, wo das Kind am Gaumen operiert wurde. Die Wunde heilte problemlos, nur Wilhelms Nase stand noch etwas schief. In den folgenden Monaten stellte sich heraus, dass er sehr anfällig für Infekte war und häufig Erbrechen hatte. Ida war in ständiger Angst um ihr „armes Sorgenkindchen".[118] Das Sterben ihrer ersten vier Kinder noch deutlich vor Augen, rechnete sie immer damit, auch dieses Kind wieder zu verlieren.

Wie sehr sie der Verlust ihrer Kinder geprägt hatte, zeigte sich im April 1870, als Luises Sohn Carl schwer erkrankte.

Sofort stand für Ida fest, dass der Junge sterben würde, und sie schrieb ihrer Schwester einen entsprechenden Trostbrief. Diese war darüber schockiert, worauf Ida sie um Verzeihung bat, dass sie so wenig Hoffnung für ihren Sohn habe: „Das Sterben wurde mir so gewohnt.“[119] Leider behielt Ida Recht: Carl starb am 17. April. Nun hatte auch Luise, wie Ida und ihr Bruder Ernst, vier ihrer Kinder verloren.

Die Schwestern rückten in ihrer Trauer noch enger zusammen, zumal beide wieder Nachwuchs erwarteten. Luises Kind sollte im Juli zur Welt kommen, Idas erst Ende des Jahres. Sie kümmerte sich rührend um die hochschwangere Luise, besorgte ihr eine Wartefrau und suchte nach einem Kindermädchen für sie. Auch ihre Schwägerin Marie, Ernsts Frau, die gerade eine Tochter zur Welt gebracht hatte, besuchte sie in Hamm und half ihr in der Zeit ihres Wochenbettes. Die Hilfe für andere lenkte Ida etwas von ihrer Trauer ab, wurde ihr aber körperlich bald zuviel. Daher fuhr sie Mitte Juli nach Haus Heyde, um sich dort zu erholen.

So erholsam wie gehofft wurde der Aufenthalt in ihrem Elternhaus allerdings nicht. Nachts fand Ida wenig Schlaf, weil der kleine Wilhelm sehr unruhig war. Außerdem ärgerte sie sich über ihre Mutter, die wenig Verständnis für Idas anhaltende Trauer aufbrachte und mit ihr nur über „Äußerlichkeiten“ sprach.[120] Dazu kamen neue Sorgen, diesmal um ihren Mann. Preußen bereitete sich auf einen Krieg gegen Frankreich vor und Friedrich von Bodelschwingh hatte sich erneut freiwillig als Feldprediger gemeldet.

Am 20. Juli feierte der Pfarrer noch einmal das Abendmahl mit den einberufenen Dellwigern und der Gemeinde und meldete sich danach beim 7. westfälischen Armeekorps, das im Moselgebiet aufmarschierte. Hier wurde er der 13. Infanteriedivision unter General Adolf von Glümer, den er schon aus dem Feldzug von 1866 kannte, als Divisionsseelsorger zugeteilt. Wie vor vier Jahren schickte er seiner Frau regelmäßig Berichte über seine Erlebnisse, die sie für den „Hausfreund“ überarbeitete.[121] Dabei ließ er ihr wieder freie Hand: „Doch bitte ich Dich zu ändern, durchzustreichen nach Belieben.“[122]

Fast täglich erhielt Ida einen Brief von ihrem Mann, der mit seiner Division auf Metz zurückte. Trotz stundenlanger Märsche ging es ihm gesundheitlich besser als ihr. Ida kämpfte in Haus Heyde mit vielen kleinen Beschwerden und ihrer großen Besorgnis um Friedrich, der die ersten Schlachten auf französischem Boden hautnah miterlebte. Er betreute die Verwundeten, wirkte als Dolmetscher für die gefangenen Franzosen und hielt Gottesdienste für 500–600 Soldaten auf freiem Feld. Von Ida erbat er sich dafür Traktate und Losungsbücher, die sie ihm sofort in mehreren Bücherpaketen schickte. In seiner Tätigkeit fand er wie vor vier Jahren wieder tiefe Erfüllung: „Es ist große Gnade, so vielen hungrigen Soldaten dienen zu dürfen.“[123]

Auch Idas Gefühle waren genau die gleichen wie 1866: Sie wollte ihren Mann so schnell wie möglich wieder an ihrer Seite haben. Ihre Angst um ihn wurde immer größer, vor allem seit der Nachricht vom Tod ihres Jugendfreundes Wilhelm von Diest, der als Hauptmann vor Straßburg bei einem Unglücksfall ums Leben gekommen war.[124] Außerdem stand der Umzug in das neu erbaute Dellwiger Pfarrhaus bevor, das ihr altes baufälliges Haus ersetzen sollte. Sie traute sich nicht zu, diese Aktion allein zu überwachen, und bat Friedrich eindringlich zu kommen: „Ich möchte Dir nichts vorlamentieren, kanns aber nicht gut lassen Dir offen zu sagen, wieviel Sorgen und Noth ich mir mache.“[125] Ihr Mann nahm daraufhin einen achttägigen Heimaturlaub und organisierte den Umzug, überließ Ida und ihren Schwestern jedoch die weitere Inneneinrichtung.

Gleich nach seiner Rückkehr zum preußischen Belagerungsring um die Stadt Metz erlitt er in Ars einen schmerzlichen Verlust: „Man hat mir aus meiner kleiner Tasche mein kleines Abendmahlsgeräth gestohlen und auch meine mir so theure Brieftasche mit den geliebten Bilderchen – die ich täglich wohl 3 mal ansah.“[126] Sofort schickte Ida ihm neue Bilder von sich und den Kindern. Während Friedrich den Soldaten seiner Division Geduld und Gottvertrauen predigte, fehlte es Ida daran in dieser Zeit besonders. In fast jedem ihrer Briefe drängte sie ihren Mann, nach Hause zu kommen, was er jedoch ablehnte mit der Begründung, er könne doch den Soldaten kein schlechtes Beispiel geben.[127] Dabei standen für ihn im Oktober wichtige berufliche Entscheidungen an, die Ida gern mit ihm persönlich durchgesprochen hätte.

Aus Berlin erreichten Friedrich von Bodelschwingh gleich zwei attraktive Berufungen. Zum einen sollte er die Leitung der Goßnerschen Mission[128] übernehmen, zum anderen erhielt er einen Ruf an das Berliner Zentraldiakonissenhaus Bethanien. Idas Vater setzte sich sehr für die Berufung Friedrichs nach Bethanien ein, ebenso sein Vetter Wilhelm von Hengstenberg. Das brachte Ida in einen Gewissenskonflikt, da sie am liebsten in Dellwig, bei den Gräbern ihrer Kinder geblieben wäre. Doch ihre Sorgen waren unnötig: Ihr Mann lehnte beide Angebote ab. Zu sehr fühlte er sich noch an die Gemeinde und die westfälische Heimat gebunden.[129]

Am 28. Oktober kapitulierte die Stadt Metz und einen Tag später zog Friedrich von Bodelschwingh mit seiner Division feierlich ein. Da seine Truppe zunächst als Besatzung in Metz bleiben sollte, bat er nun um seine Entlassung. Die Suche nach einem Ersatz für ihn verzögerte seine Rückkehr noch um über drei Wochen. Sein letzter Brief an Ida aus Metz datiert vom 23. November. Da befand sie sich schon wieder in Dellwig, in ihrem neuen Haus, das sie mit Hilfe ihrer Schwester Sophie wohnlich einrichtete. Trotz ihrer Freude über seine Heimkehr nach vier Monaten Trennung wurde sie zunehmend von Angst vor der bald bevorstehenden Geburt gequält.[130]

Am 9. Dezember 1870 brachte Ida einen Jungen zur Welt, der aber unmittelbar nach der Geburt starb. Dieser erneute Verlust stürzte sie in eine tiefe Depression, so dass ihre Schwester Lina für Monate die Haushaltsführung übernehmen musste. In einem Brief an Luise gestand sie offen, „daß es mir oft ist, als könnte ich nun nicht mehr, wenn immer nur ein Leid ins andere geht, wie nun schon seit langem bei uns."[131] Die Sehnsucht nach ihren toten Kindern beherrschte ihre Gedanken völlig, dazu kam eine besorgniserregende körperliche Schwäche. Der kleine Wilhelm musste in dieser Zeit von Lina und Friedrich versorgt werden, der aus Sorge um seine Frau eine geplante Reise zur deutschen Gemeinde in Paris erst einmal verschoben hatte.

Im Frühjahr ging es Ida wieder besser. Sie kümmerte sich wieder selbst um den Haushalt und ihren Sohn, half ihrem Mann bei Schreibarbeiten und machte Besuche in der Gemeinde. Friedrich hatte kaum noch Zeit dafür, weil ihn die Vorbereitungsarbeiten für den Erweiterungsbau der Dellwiger Kirche und viele Versammlungen und Vorträge in Anspruch nahmen. Ständig sei er unterwegs, klagte Ida ihrer Schwester Luise Ende Mai, „Langenberg, Barmen und in 14 Tagen Ducherow."[132] Sogar einen Sommerurlaub lehnte Friedrich ab mit der Begründung, er habe zuviel zu tun und könne dabei schlecht auf Idas Hilfe verzichten.

Dass ihr Mann so auf ihre Mitarbeit angewiesen war, tat Ida offenbar gut. Sie fühle sich „mobil und frisch", schrieb sie Luise Anfang August. Sie habe sogar wieder allein den Missionsverein abgehalten, zum ersten Mal seit einem Jahr. Nur Friedrich sei ständig müde von der Arbeit und den häufigen Reisen.[133]

Im Oktober 1871 erreichte den Dellwiger Pfarrer ein neues berufliches Angebot, das ihn mehr als die bisherigen Offerten ins Grübeln brachte. Der Ruf kam aus Bielefeld, wo der Rheinisch-Westfälische Provinzialausschuss mit Unterstützung einiger christlich-konservativer Honoratioren seit 1867 eine Anstalt für Epileptische unterhielt. 1869 war noch ein Diakonissenmutterhaus hinzugekommen, das von Schwester Emilie Heuser als Oberin geleitet wurde.[134] Der Verwaltungsrat suchte nun für beide Häuser einen neuen Geistlichen Leiter, da der bisherige Vorsteher Pfarrer Friedrich Simon in die neu geschaffene dritte Pfarrstelle an der Altstädter Gemeinde in Bielefeld wechselte.

Simon und der Bielefelder Fabrikant Gottfried Bansi reisten Anfang Oktober nach Dellwig, um den zunächst noch zögerlichen Bodelschwingh für Bielefeld zu gewinnen. Friedrich von Bodelschwingh sah sich daraufhin die

Bielefelder Anstalten an und war beeindruckt. Er nahm sich aber Zeit für seine Entscheidung, suchte Rat in Kaiserswerth, bei Freunden und nicht zuletzt auch bei seiner Frau: „Daß ich aber zum Hierbleiben entschieden rathen soll, halte ich nicht für Recht; Friedrich versichert immer, er würde es thun, sobald ich ihn direkt bäte: bleib!“[135]

Trotz ihrer Angst vor dem Verlassen der ruhigen Pfarrstelle und der Gräber ihrer Kinder riet Ida ihrem Mann schließlich sogar zu, das Bielefelder Angebot anzunehmen. Ausschlaggebend dafür war ein langes Gespräch mit Caroline Fliedner, der Witwe Theodor Fliedners, die Ida versicherte, ihr Mann wäre in Bielefeld „ganz auf seinem Posten.“[136] Mitte November gab Friedrich von Bodelschwingh seine endgültige Zusage. Bereits im Januar sollte er seine neue Stelle antreten. Für Ida und Friedrich hieß es nun Abschied nehmen von Dellwig, dem Ort so vieler schmerzlicher Erinnerungen – ein neuer Lebensabschnitt begann.

„Das Sterben wurde mir so gewohnt“. Ida von Bodelschwinghs Sterbefrömmigkeit

„Meine theure Mutter! So darf ich Dir auch nun endlich das Halleluja für unsern geliebten Ernst senden. Gestern Abend um 11 Uhr haben wir ihm die lieben, lieben Augen zudrücken dürfen. ... Ida ist es bei aller Tiefe des Schmerzes doch nun auch im tiefsten Herzensgrunde recht wohl.“[137] Mit diesen Worten benachrichtigte Friedrich von Bodelschwingh seine Mutter vom Tod seines ältesten Sohnes Ernst, der als letzter der vier Geschwister seiner schweren Krankheit erlag. Innerhalb von zwölf Tagen vier Kinder verloren – wie konnte Friedrich da behaupten, seiner Frau wäre es „im tiefsten Herzensgrunde recht wohl“?

Seine Äußerung ist nur zu verstehen vor dem Hintergrund der pietistischen Religiosität, mit der Ida und Friedrich von Bodelschwingh in ihren Elternhäusern aufgewachsen sind. Vor allem Friedrich lernte bereits als Kind die Tradition des „seligen Sterbebettes“ kennen.[138]

Sein Vater Ernst von Bodelschwingh war infolge eines Lungendurchschusses, einer Verwundung aus den Befreiungskriegen, anfällig für Lungenentzündungen. Wiederholt lag er todkrank im Bett, um das sich dann seine Frau und die Kinder versammelten, um mit ihm zu beten und Gott um Hilfe zu bitten. Die intensive Erfahrung der Macht des Gebetes – achtmal wurde Ernst von Bodelschwingh wieder gesund, bevor er 1854 schließlich einer erneuten Lungenentzündung erlag – prägte Friedrichs Kindheit.

Die Nähe Gottes fühlte er auch besonders am Sterbelager seines älteren Bruders Ludwig, der 1846 nach einem Duell an einer Blutvergiftung starb. Zwei Tage lang war die Familie um sein Bett versammelt, betete und feierte mit dem Sterbenden das Abendmahl. Dabei kam es Friedrich vor, „als wäre der Himmel ganz nahe auf der Erde, wie ich es vorher nie gespürt."[139]

Diese spirituelle Grunderfahrung wiederholte sich offenbar an den Sterbebetten seiner Kinder. Unmittelbar nach ihrem Tod verfasste er für den „Westfälischen Hausfreund" einen Bericht über seine Schmerz- und Trosterfahrungen in der Leidenszeit, der später als Broschüre herausgegeben wurde.[140] Darin stellt er das Sterben der Kinder als eine Art himmlische Verklärung dar, die die zurückbleibenden Eltern noch fester an Gott bindet: „Schöner, als sie je im Leben gewesen, und wie plötzlich gereift zu einer Jungfrau, als eine rechte Braut Christi, lag die liebe Tochter in ihrem Todesschrein; und der zweite Weg zum Friedhofe wurde uns in gleicher Weise durch das verborgene Manna, welches im göttlichen Worte liegt, auf unbegreifliche Weise versüßt."[141]

In einem Brief an seinen Schwiegervater kurz nach dem Begräbnis der Kinder bezeichnete er deren Tod als „Gnadenheimsuchung", die den leidgeprüften Eltern zur Glaubensstärkung dienen soll. In dieser Interpretation der Ereignisse glaubte er sich mit seiner Frau einig: „Meine liebe Ida ist wunderbar gestärkt."[142] Doch darin täuschte er sich, denn Ida fand nur schwer Trost im Glauben. „Sprecht nicht mit uns von Glaubensstärke und Freudigkeit", forderte sie ihre Schwester Luise auf, „die vielen sonst so lieben Briefe sprechen mir davon immer zu viel."[143] Ebenso wie ihr Mann suchte sie die Schuld für die Katastrophe bei sich selbst, in ihrem schwachen Glauben. Aber während Friedrich ganz auf die Führung Gottes vertraute, kämpfte Ida mit ihren Zweifeln: „... wieder mal will mir die Führung meines Gottes so gar dunkel erscheinen. Doch dürfen wir nicht klagen, so lange Sein Trost bei uns bleibt."[144]

Trost fand Ida von Bodelschwingh vor allem in der Vorstellung, dass ihre Kinder nun sicher geborgen im Himmel waren. Ihr Leben dort malte sie sich ganz konkret aus. Den kleinen Carl sah sie „im weißen Kleidchen prangen" und alle vier „solch köstliche Pfingsten feiern und gewiß auch an ihre arme Mama denken."[145] Die Sehnsucht nach ihren Kindern brachte Ida dazu, sich den eigenen Tod herbeizuwünschen, um bald wieder bei ihnen zu sein. Ihrem Mann ging es genauso, wie er ihr im April 1869 schrieb: „Das Verlangen wurde wieder recht lebendig, daß wir beide auch bald sterben dürften ..., damit wir doch Gottes Angesicht schauen dürften und bei ihm auch die hellen Augen unserer süßen Kinderchen."[146]

In ihrer Trauer klammerte sich Ida mehr denn je an Friedrich, der ihr aber nur den Trost im Vertrauen auf Gottes Führung zu bieten hatte. Wie schwer es ihr fiel, ihm darin zu folgen, verbarg sie sorgfältig vor ihm. Nur in den Briefen an ihre Mutter und an ihre Schwester Luise offenbarte sie ihr Schuldbewusstsein wegen ihrer „Glaubensschwäche“: „Könnte ich nur mehr im Glauben mit meinen lieben Vollendeten fortleben und mich immer wieder ihrer Seligkeit freuen, aber wenn dann die Thränen so reichlich fließen und die Trauer die Oberhand gewinnen will, dann dauert es eben immer eine Weile, bis der Herr dem armen Herzen wieder Stille gebietet.“[147] Es gelang ihr nur selten, die von ihr erwartete Haltung zu zeigen, obwohl sie im Grunde von ihrer Richtigkeit überzeugt war.

IV.

„Daß ich anderen dienen darf mit meinen paar Kräften". Arbeit für Bethel

Das öffentliche Pfarrhaus. Haushalt, Kinder und Besucherströme

Der Umzug nach Bielefeld verzögerte sich zunächst, weil Ida und Friedrich Anfang Januar beide mit Grippe im Bett lagen. Erst am 21. Januar 1872 hielt Friedrich von Bodelschwingh seine Abschiedspredigt in Dellwig. Die letzten Tage verliefen für Ida und ihren Mann sehr hektisch, da in Dellwig die Pocken ausgebrochen waren und viele Krankenbesuche des Pfarrers erforderlich machten. Einpacken musste Ida also allein, obwohl sie sich noch schwach fühlte. Am 23. Januar verließ die Familie Bodelschwingh Dellwig und reiste mit der Bahn nach Bielefeld.[148]

An der Detmolder Straße war für sie ein Haus angemietet worden, das Ida an ihr erstes Dellwiger Pfarrhaus erinnerte. Es besaß unten fünf, oben drei Stuben und noch drei Mansarden. Die Küche befand sich wieder im Souterrain und der Garten war ziemlich klein. Dort pflanzte Friedrich von Bodelschwingh sofort die Obstbäume ein, die er aus dem Pfarrgarten in Dellwig mitgenommen hatte.[149]

Ida war der Abschied von den Gräbern ihrer Kinder sehr schwergefallen. Sie war nun 37 Jahre alt, hatte bereits fünf ihrer Kinder in Dellwig begraben müssen und sollte jetzt in Bielefeld noch einmal ganz neu anfangen. Ihre Furcht davor war groß, doch zum Glück wurde sie davon durch ganz praktische Alltagsprobleme abgelenkt. Eine Woche nach ihrem Einzug waren ihre Möbel immer noch nicht angekommen, so dass sich die Familie mit dem Nötigsten behelfen musste. „Wir existieren mit Betten, 4 Stühlen, 4 Tassen, 4 Teller sehr gemüthlich hier und haben dennoch täglich Gäste", schrieb Ida ihrer Schwester Luise Ende Januar.[150]

Gut tat ihr auch die herzliche Aufnahme durch die Pfarrerfamilie Siebold in Schildesche. Deren Tochter Marie, die bei Ida 1868/69 als Haustochter gelebt hatte, half ihr beim Einräumen und beschäftigte sich mit dem kleinen Wilhelm. Im Februar war das Haus vollständig eingerichtet und Ida musste anlässlich der Einführung ihres Mannes ins Amt ihre erste Bewährungsprobe als Gastgeberin bestehen. Am 25. Februar hatte sie zwölf Gäste zu Tisch.[151]

Der Strom der Besucher riss auch in den folgenden Monaten nicht ab: Idas Vater kam im März zu ihnen, Pastor Kuhlo im April und ihre Mutter mit den Schwestern Lina und Sophie im Mai. Ida blieb keine Minute Zeit, sich in der fremden Umgebung einsam und ängstlich zu fühlen, so hielten ihre Gäste sie auf Trab. Obwohl ihr oft übel war – sie war erneut schwanger –, machte sie mit ihren Besuchern lange Spaziergänge im Teutoburger Wald: „Es ist hier solch prächtig stärkende Bergluft."[152] Nach drei Monaten in Bielefeld hatte sie sich gut eingelebt, wenn auch die Ausgaben ihr allmählich Sorgen bereiteten. In Bielefeld sei alles teurer als in Dellwig, berichtete sie ihrer Mutter, und sie müsse doch sehr viel einkaufen wegen ihrer vielen Gäste.[153] Das Jahresgehalt ihres Mannes in Höhe von 1000 Talern erlaubte der Familie keine großen Sprünge.[154]

Anfang Mai stöhnte die ganze Stadt unter einer ungewöhnlichen Hitzewelle und Ida begann zu kränkeln. Trotzdem reiste sie am 15. Mai mit Friedrich zur Einführung seines Nachfolgers Ludwig Weber nach Dellwig, weil sie unbedingt die Gräber ihrer Kinder wiedersehen wollte. Sie waren von Gemeindegliedern geschmückt und mit einem eisernen Gitter begrenzt worden. Anschließend besuchten Ida und Friedrich Idas Bruder Ernst und seine Familie in Hamm. Die geplanten Reisen zu ihrer Jugendfreundin Hedwig nach Stuttgart und zu Luise nach Osnabrück sagte Ida aber ab, da sie Angst vor Schwangerschaftskomplikationen hatte.[155]

Während sie im Sommer Urlaub in Haus Heyde machte, war ihr Mann zum Ausruhen nicht zu bewegen. Er hatte sich mit aller Energie in die Arbeit gestürzt und trieb vor allem den Neubau des Diakonissenmutterhauses und den Ausbau der Anstalt für Epileptische voran. Das erforderte zahllose Sitzungen mit dem Vorstand und dem Geschäftsführenden Ausschuss der Bielefelder Anstalten. Ida staunte manchmal über die Beharrlichkeit, mit der er trotz körperlicher Erschöpfung seine Ziele verfolgte: „Friedrichs Leben hier ist ein recht bewegtes, ich fürchte oft, es wird ihm zuviel, weil er bisweilen so sehr müde ist, aber die mancherlei geistige Anregung erhält frisch."[156]

Auch nach ihren Ferien ging es Ida nicht besser: Sie litt unter Krämpfen, Ängsten und fühlte sich ständig erschöpft. Der Arzt riet ihr, viel zu liegen und das Treppensteigen zu vermeiden, aber das war kaum möglich. Stets waren Besucher im Haus und Ida musste häufig zwischen der Küche im Keller und Friedrichs Studierstube im Obergeschoss hin und her laufen. Im August schrieb sie voller Erleichterung an ihre Eltern, dass die Familie ein neues Pfarrhaus in Aussicht hätte, größer und mit praktischerem Zuschnitt. Aber der Bau gehe sehr langsam voran, weil das Geld dafür fehle: „Die paar vermögenden christlichen Herren hier, die sich für die neuen Anstalten interessieren, haben schon viel für die verschiedenen Bauten geborgt und können eigentlich für das Pfarrhaus nicht angebettelt werden.“[157]

Am 3. November brachte Ida einen Jungen zur Welt, der auf den Namen Gustav getauft wurde. Ihre Schwester Lina kam zu ihr, wurde aber krank und musste nach Berlin zurückkehren. Der Arzt verordnete Ida regelmäßige Spaziergänge, die sie auch wirklich soweit kräftigten, dass sie ihr erstes Weihnachtsfest in Bielefeld richtig genießen konnte. Heiligabend feierten sie Abendmahl mit den Diakonissen und am ersten Weihnachtstag gab es Bescherung für die Schwestern. In ihrem Neujahrsbrief an die Eltern schrieb Ida, sie sei in Bielefeld schon ganz heimisch geworden.[158]

Im Frühjahr 1873 erkrankten Wilhelm und Gustav an einer fiebrigen Erkältung mit Ohrenentzündung. Ida hatte große Angst um sie, zumal auf der Kinderstation im Diakonissenhaus der „Stickhusten“ grassierte. Zum Glück steckten sich ihre Kinder nicht an, aber bei dem kleinen Gustav entwickelte sich im Mai eine Lungenentzündung, von der sich das Baby nur schwer erholte. Noch Ende Juni wagte Ida nicht mit ihm nach Haus Heyde zu reisen.[159]

Zu ihrer Sorge um Gustav kam noch die tiefe Trauer um ihren Vater, der am 10. Mai im Alter von 72 Jahren in Berlin gestorben war. Ida traf mit Ernst und Marie einen Tag später dort ein und nahm mit der Familie an einer Totenfeier am offenen Sarg teil, die der Prediger Hengstenberg abhielt. „Die liebe Leiche ist sehr alt und ernst, aber ein friedlich milder Zug auf dem Gesichte“, berichtete sie ihrem Mann, der sich so kurzfristig in Bethel nicht freimachen konnte.[160] Nach einer feierlichen Andacht in der Berliner Matthäikirche wurde Carl von Bodelschwingh nach Haus Heyde überführt und dort in der Familiengruft beigesetzt.

In ihrer Trauer fühlte sich Ida recht allein. Mit Friedrich konnte sie darüber wenig sprechen, „der gute Mann ist immer zu sehr im Gedränge.“[161] Ihr Wunsch nach einer Erholungsreise mit Friedrich stieß bei ihm auf taube Ohren, da er den Fortgang der Neubauten überwachen wollte. So reiste Ida Anfang Juli mit ihren Kindern allein nach Haus Heyde. Sie hatte eine Erholung dringend nötig, denn sie war erneut schwanger und litt unter Übelkeit, Magen- und Rückenschmerzen. Dazu stand ihr bald der Umzug in das neu erbaute Pfarrhaus bevor. Zu ihrem Ärger bot dafür keine ihrer Schwestern ihre Hilfe an.[162]

Nach ihrer Rückkehr ging es ihr gesundheitlich wieder besser und auch Gustav hatte sich vollständig erholt. Zuhause wurde es gleich wieder hektisch für sie, denn zahlreiche Besucher störten ihre Umzugsvorbereitungen. Im August beherbergte sie unter anderen die Familie von Spiegel und einen Waldenser-Prediger aus der Schweiz.[163] Am 25. September war es dann soweit: Ida und Friedrich zogen mit den Kindern in das Pfarrhaus am Jägerbrink, in unmittelbarer Nähe des neuen Diakonissenhauses. Die Dellwiger Obstbäume wurden in den neuen Garten mitgenommen.[164]

Wohnhaus der Familie von Bodelschwingh in Bethel am Jägerbrink, heute Sareptaweg.

Ida lebte sich dort sehr schnell ein. Am 20. Februar 1874 wurde ihre Tochter Frieda geboren. Mit nunmehr drei Kindern – und ebensoviel Besuch wie zuvor – fühlte sich Ida oft schwach und ruhebedürftig, so dass ihre Mutter sie schon im Juni nach Haus Heyde einlud. Von ihrer Familie erfuhr Ida da eine interessante Neuigkeit: Ihr Bruder Udo hatte sich mit Baronesse Ottolina d'Ablaing van Giesenburg verlobt. Die Hochzeit fand am 24. September in Den Haag statt, wo Ottolina aufgewachsen war. Da es Ida nicht gut ging, nahm Friedrich allein an der Feier teil, die für ihn allerdings etwas unbefriedigend verlief: „Nach der Trauung sollte es ein Frühstück geben – es hatte aber Gestalt eines prachtvollen Diners und ich kriegte nichts ab, mußte nüchtern auf die Bahn."[165]

Den Grund für ihr Kränkeln verriet Ida ihrer Mutter erst Ende November: Sie war wieder schwanger und voller Freude darüber.[166] Doch bald darauf erlitt sie eine Fehlgeburt und musste bis Anfang Januar 1875 das Bett hüten. Ihr Bielefelder Arzt Dr. Bernhard Tiemann schlug vor, einen Spezialisten in Berlin zu konsultieren, und ihre Mutter lud sie herzlich ein, für diese Zeit bei ihr zu wohnen. So reiste Ida im Februar nach Berlin und blieb dort vier Wochen. Sie ließ sich von dem Frauenarzt Dr. Martin untersuchen, der ihr tägliche Anwendungen verordnete. Ihre Kinder hatte sie währenddessen bei Friedrich gelassen, der deswegen zuhause kaum noch zum Arbeiten kam. Er sehnte ihre Rückkehr herbei und machte ihr seinen Unmut über ihre wochenlange Abwesenheit auch deutlich: „Mußt Du denn alle Tage zu dem bösen Doktor? Ich hoffte immer, es wäre mit einer Vorschrift für Dein Verhalten abgemacht! ... Gott helfe, daß bald der letzte Weg gemacht ist – Er vergebe mir, aber ich traue allen diesen Aerzten nicht."[167]

Anfang März kam Ida heim und wurde sofort von ihrem Mann mit Schreibarbeiten überhäuft. In den Anstalten waren viele Schwestern an Typhus erkrankt, es herrschte Pflegenotstand. „Es ist zu viel Noth hier ... wir kommen nirgends durch mit der Arbeit", klagte Friedrich in einem Brief Ende Februar.[168] Die steigende Arbeitsbelastung konnte Ida nur schwer verkraften. Im Mai fuhr sie zur Kur nach Rehme und nahm Wilhelm mit, der immer noch unter ständig wiederkehrenden Ohren- und Halsentzündungen litt.[169]

Nach ihrer Rückkehr wurde es nicht ruhiger für sie. Im Sommer konnte die endgültige Fertigstellung des neuen Diakonissenmutterhauses gefeiert werden. Mit dem zuletzt erbauten Ostflügel fanden darin nun neben den Diakonissen 130 Kranke Platz. Nach Friedrich von Bodelschwinghs Vorschlag wurde das Haus „Sarepta" genannt. In der dazugehörigen Kapelle fehlte noch eine Orgel, was Friedrich keine Ruhe ließ. Sofort rief er eine Sammelaktion ins Leben, die Ida viel Arbeit bescherte. Über 1000 kleine und kleinste Gaben gingen im Pfarrhaus ein. Zu Weihnachten 1875 wurde die neue Orgel in der Sarepta-Kapelle eingeweiht.[170]

Im Mai des darauffolgenden Jahres erreichte Ida wieder eine erfreuliche Neuigkeit: Ihre Schwester Marie hatte sich mit Kurt Freiherr von Patow, einem Landrat aus der Niederlausitz, verlobt. Die Hochzeit fand am 7. Juli 1876 in Berlin statt.[171] Ida freute sich sehr für ihre Schwester, doch sie selbst fühlte sich gesundheitlich recht angegriffen und litt im Stillen darunter, nicht wieder schwanger zu werden. Zu gern hätten Friedrich und sie noch einmal ein viertes Kind bekommen. „Unser Idchen ... ist immer noch aufs Hoffen und Warten angewiesen“, schrieb Friedrich in einem Brief an Idas Schwester Elise.[172]

Zur Erholung spendierte Idas Mutter ihr eine „Badereise“ und Ida machte zum ersten Mal Urlaub auf Borkum – allein, da Friedrich keine Zeit zum Ausspannen fand. Der für die „Anstalt für Epileptische Bethel“ – den Namen hatte Friedrich von Bodelschwingh gegen den Willen des Verwaltungsrates durchgesetzt – zuständige Inspektor Johannes Unsöld hatte um seine Entlassung gebeten. Außerdem hatte Schwester Emilie Heuser, die Leiterin des Diakonissenhauses, angekündigt, sie müsse in einer dringenden Familienangelegenheit in ihre schlesische Heimat reisen. Somit war Friedrich im Sommer wochenlang allein für beide Häuser zuständig.[173]

Eine Lösung zeichnete sich ab, als Pastor Hermann Stürmer mit seiner Frau aus Ducherow zu Besuch kam. Friedrich von Bodelschwingh konnte seinen Mitarbeiter und Freund aus Dellwiger Tagen (er war 1868/69 dort Hilfsprediger gewesen) für eine neue Aufgabe in Bethel gewinnen. Im September beriefen ihn die Vorstände zum „ersten Prediger, Lehrer und Seelsorger für die Epileptischen“ und zum „zweiten Prediger von Sarepta“. Er erhielt Sitz und Stimme im Verwaltungsrat und sollte „in allen Stücken“ Bodelschwinghs Vertreter sein.[174]

Ida verstand sich mit Stürmers Frau Marie gut und war froh, dass ihr Mann jetzt in der Seelsorge der Kranken und dem Unterricht der Schwestern entlastet wurde. Sie hatte engen Kontakt zu der Familie, da deren Haus ganz in der Nähe ihres eigenen lag. Aus Sparsamkeitsgründen hatten Stürmer und Bodelschwingh beschlossen, die „Kreuzzeitung“

gemeinsam zu abonnieren, und so wanderte die Zeitung täglich von einem Pfarrhaus zum anderen.[175]

Trotz dieser erfreulichen Wendung besserte sich Idas Gesundheitszustand nicht, im Gegenteil: Anfang November schrieb sie ihrer Schwester Luise, sie sei deprimiert, völlig antriebslos und habe Angst vor allem, sogar vor Gustavs Geburtstagsfeier. An der Kündigung ihrer Hausmädchen Auguste und Bertha gab sie sich selbst die Schuld. „... ich mache viele Ansprüche an die armen Mädchen und hab so wenig Geduld, das sagt mir Friedrich oft."[176] Erst zu Weihnachten ging es ihr besser. Vor einem bestimmten Ereignis hatte sie allerdings immer noch Angst: vor einer erneuten Fehlgeburt. Die Nachricht von ihrer neuen Schwangerschaft behielten sie und ihr Mann daher erst einmal für sich.

Zu ihrer großen Erleichterung überstand Ida die ersten Monate ohne Zwischenfall. Das Kind sollte im Spätsommer geboren werden, daher wagte sie im Juli keine längere Reise mehr anzutreten. Sie überredete aber Friedrich, endlich einmal eine Badekur an der See zu machen. So fuhr ihr Mann Mitte Juli für drei Wochen auf die Insel Norderney. Er hatte sich reichlich Schreibarbeiten mitgenommen und wurde deswegen von Ida in jedem Brief ermahnt, sich nun auch wirklich auszuruhen: „Das viele Schreiben und studiren an der See taugt nicht, mußt Dir keine Noth darum machen, daß Du nicht genug fertig bringst." Aber Friedrich von Bodelschwingh und Entspannung passten nicht zusammen. „Ich bin gestern aus Pflichtgefühl ... in den Dünen am Strand umhergewandert – ohne zu arbeiten. – Allein das Faulenzen bekommt mir noch schlechter, als das Arbeiten", antwortete er seiner Frau.[177]

Ida befand sich zu der Zeit in Haus Heyde, wo es ihr aber nicht so gut gefiel wie sonst. Ihre Angst vor der bevorstehenden Geburt konnte sie weder der Mutter noch den Schwestern anvertrauen, denn diese waren ständig mit Ausflügen und Besuchen beschäftigt. Außerdem hatte sie Sehnsucht nach ihrem Mann und machte sich Sorgen, ob er ohne sie auch auf sich achten würde. Ihre Briefe an ihn enthielten daher genaue Anweisungen in Bezug auf seine Kleidung und Ernährung: „Mittags mach Dich aber immer etwas sauber und nett, so sehe ich mein Fritzchen so gern und kauf Dir dort noch 2 Paar Manschetten, die Dir so wie so fehlen – auch mußt Du Dir die 2 guten Faltenhemden dort waschen lassen. – Abends iß bitte irgendwo 1 Stück warmes Fleisch, das ist Dir nöthig und viel besser als immer Bier und Butterbrod."[178]

Ende Juli 1877 organisierte Ida eigenmächtig ihre Abreise nach Bielefeld, wo sie Friedrich erwartete, der Anfang August zurückkehren sollte. Er kam noch rechtzeitig, um die Geburt seines jüngsten Sohnes am 14. August mitzuerleben. Der Junge wurde nach seinem Vater Friedrich getauft. Nach den üblichen sechs Wochen in der Wochenstube fühlte sich die 42-jährige Ida erstaunlich kräftig und munter: „Das hätte ich nie gedacht, daß man nach dem 9ten Kindchen noch wieder jugendlich und frisch werden könnte."[179]

Ihre Schwester Sophie kam zu ihr, um zu helfen und sich um die drei größeren Kinder zu kümmern. Sie ging mit ihnen in die „Kinderschule", um den Beruf der Lehrerin kennen zu lernen. Offenbar spielte sie mit dem Gedanken, „Kleinkinderschullehrerin" zu werden.[180]

Die vier Kinder von Ida und Friedrich von Bodelschwingh: Wilhelm, Friedrich, Frieda und Gustav (v. l.).

Friedrich von Bodelschwingh hatte der Urlaub auf Norderney – trotz seiner Klagen, er sei nicht zum Schreiben gekommen – sehr gut getan. Mit neuer Energie stürzte er sich in seine Arbeit. Daher kostete es Ida wenig Überredung, ihn auch im Sommer 1878 zu einer Badereise zu bewegen. Mitte Juli reiste er wieder nach Norderney, während Ida mit den Kindern zur Erholung nach Haus Heyde fuhr. Da er diesmal nur ein sehr großes und teures Zimmer als Quartier gefunden hatte, kam er auf die Idee, Ida könne doch mit Wilhelm nachkommen und ihm dann auch bei seinen Spendenbriefen helfen. Aber Ida weigerte sich entschieden und setzte ihm in drei langen Briefen ihre Gründe auseinander: Ihre Mutter sei strikt dagegen, sie selbst sei erkältet, Wilhelm habe eine Ohrenentzündung – und er solle ja ausruhen und nicht so viel arbeiten.[181]

Friedrich lenkte zwar zunächst ein, versuchte aber weiterhin hartnäckig, seine Frau umzustimmen: „Wie viele Briefe könntest Du mir hier abnehmen, wie viel durch diktiertes Schreiben erleichtern. Ich rechne jeden Tag, den Du hier still bei mir bist 1000 Taler werth – wenigstens."[182] Ende Juli gab sich Ida geschlagen und reiste mit Wilhelm zu ihm. Es gefiel ihr sehr gut dort, obwohl Friedrich sie jeden Tag einige Stunden mit Schreibarbeiten beschäftigte. Nur um ihre drei kleinen Kinder, die bei ihrer Mutter geblieben waren, machte sie sich Sorgen.[183]

Gut erholt kehrte die Familie Ende August nach Bielefeld zurück. Ida fühlte sich allen Anforderungen wieder gewachsen und lud sogar ihre Mutter und ihre Schwestern Lina, Elise und Sophie zu sich ein, um sich bei ihr zu erholen. „Ida ist so frisch, thätig und muthig, wie ich sie überhaupt noch nie gekannt habe", schrieb Friedrich im Zusatz zu Idas Brief an ihre Mutter.[184] Zu Weihnachten brauchte sie diese Kraft, denn Gustav und Frieda erkrankten an Scharlach und mussten von den Geschwistern getrennt werden. Wochenlang war Ida mit der Pflege der kleinen Patienten beschäftigt und kam kaum noch aus dem Haus. Erst Ende Januar 1879 war die Krise überstanden.

Aus der Sorge um ihre Kinder kam sie aber auch in diesem Jahr nicht heraus: Wilhelms Gehör hatte unter den vielen Ohrenentzündungen gelitten und der fast zweijährige Friedrich sprach noch kein Wort und lief sehr schlecht. Im Juni fuhr Ida mit Wilhelm zur Kur nach Bad Oeynhausen. Sein Gehör verbesserte sich danach erheblich.[185]

Nur mit seinem Gaumen hatte der Elfjährige nach wie vor Probleme. Eine zweite Operation war notwendig, um seine Aussprache zu verbessern. Im März 1880 reiste Ida mit ihm nach Berlin, wo der Eingriff durchgeführt wurde. Wilhelm erholte sich davon sehr schnell und konnte schon nach wenigen Tagen mit Sprachunterricht bei einem Berliner Lehrer beginnen. Bis zum 14. April hatte er noch Osterferien, doch so lange wollte Ida ihre drei jüngsten Kinder nicht allein lassen. Also fuhr sie Anfang April zurück und Wilhelm blieb noch eine Woche bei seiner Großmutter. Dabei machte er im Sprechen große Fortschritte.[186]

Der Rest des Jahres verlief für Ida und ihre Familie ruhig, doch im Frühjahr 1881 traf sie ein neuer Schicksalsschlag. Am 20. März starb ihr Bruder Ernst völlig unerwartet im Alter von 50 Jahren an einer Lungenentzündung. Seine Witwe Marie ließ er mit sieben Kindern in sehr schlechten finanziellen Verhältnissen zurück, da die Landratsfamilie in Hamm offenbar in den letzten Jahren zu viel ausgegeben hatte. Friedrich von Bodelschwingh fuhr zu seiner Schwägerin und half ihr, den Nachlass zu ordnen, während sich Ida um ihre kranke Mutter kümmerte, die nach dem Tod ihres Sohnes zusammengebrochen war.[187]

Zu all dem kam noch die Sorge um ihre jüngste Schwester Sophie, die an Depressionen erkrankt war. Die 34-Jährige wurde zunächst zuhause von einer Schwester gepflegt, die Ida aus Bethel nach Berlin geschickt hatte. Als sich ihr Zustand nicht besserte, kam auch sie in den Schweizerhof, in dem Ida vor Jahren behandelt worden war. Dort blieb sie monatelang und durfte nur wenig Besuch empfangen, wie ihr Schwager Friedrich im Juni feststellen musste: „Sophiechen durfte ich nach Lehrs strengem Gebot nicht besuchen."[188]

Erst im Herbst ging es ihr allmählich besser. Aber genau wie Ida blieb Sophie freiwillig länger im Schweizerhof, um sich dort richtig zu erholen. Ida beneidete ihre Schwester um die Ruhe, denn ihr fehlte sie völlig: Nach wie vor gaben sich die Besucher bei ihr die Klinke in die Hand, so dass sie kaum noch Privatleben hatte. Gestern seien innerhalb von zwei Stunden elf Personen mit Anliegen zu ihr gekommen, beklagte sie sich bei ihrer Mutter. Friedrich müsse einen Portier einstellen oder Sprechstunden einrichten, aber das halte er für unnötig.[189]

Trotz ihrer ständigen Erschöpfung freute sich Ida immer über Besuche aus der Familie. Im Februar 1882 kam Luises Tochter Marie zu ihr, die nervös und abgespannt war. Aus eigener Erfahrung riet ihr Ida zu langen Spaziergängen, was ihrer Nichte auch sehr gut half.[190]

Sie selbst war zunehmend ruhebedürftig, aber in ihrem Haus war an Ruhe nicht zu denken. Häufig litt Ida nun an heftigen Zahnschmerzen und rheumatischen Beschwerden, so dass der Badeurlaub an der See in diesem Jahr ausfallen musste. Stattdessen fuhren Ida und Friedrich mit Wilhelm und Gustav im August in den Harz, während Frieda und der kleine Friedrich bei ihrer Großmutter in Heyde blieben.[191]

Anfang November kam wieder eine Nichte zu Besuch und brachte eine interessante Neuigkeit mit. Ernsts Tochter Marie, genannt „Mäuschen", hatte sich mit Nikolaus von Rauch verlobt. Die Hochzeit sollte im Januar 1883 in Detmold stattfinden, wo Ernsts Witwe nun mit den Kindern lebte. Ida erschien ihre Nichte als Braut viel zu anspruchsvoll und sie machte „Mäuschen" deutlich, „sie könne und dürfe doch nicht immer wie eine Prinzeß im Sattel sitzen."[192] Friedrich erklärte sich aber bereit, das Paar zu trauen.

Auf dem Weg zur Hochzeit machten Idas Schwestern Elise und Luise kurz bei ihr Station. Ida konnte sie nicht nach Detmold begleiten, weil sie so starke rheumatische Schmerzen hatte, „daß ich wirklich zu den Halbinvaliden zähle."[193] Sie sagte auch eine geplante Reise nach Berlin zu ihrer Mutter ab. Erst im März 1883 holte sie den Besuch nach und unterzog sich in Berlin einer dringend erforderlichen Zahnbehandlung. Auf ihren Spaziergängen durch die Stadt staunte sie über die technischen Neuerungen: Es gab elektrisches Licht am Potsdamer Tor und eine elektrische Bahn machte der Pferdebahn Konkurrenz![194]

Sehr zufrieden mit ihren „neuen Zähnen" kehrte sie nach zehn Tagen nach Bielefeld zurück und fuhr gleich am nächsten Tag zu Luise nach Gütersloh, um die Konfirmation ihres

Neffen Gustav mitzufeiern. Bei der nachfolgenden Kaffeetafel ärgerte sich Ida über die bissigen Bemerkungen eines weiblichen Gastes über Friedrich und dessen Arbeit. Solche Kritik konnte sie nicht im Raum stehen lassen: „Ich sagte ihr ganz ruhig aber deutlich meine Meinung", beschrieb sie ihrer Mutter den Vorfall.[195]

Zu ihrem 48. Geburtstag erhielt Ida dieses Mal von ihrem Mann ein ganz besonderes Geschenk: ein Gartenhaus. „Das heißt eigentlich der Vorstand ließ es bauen", räumte sie ihrer Mutter gegenüber ein. 24 Personen, darunter auch Luise, kamen zu ihr zum „Kränzchen". Danach brauchte sie einen Tag Bettruhe, um sich von der Aufregung zu erholen.[196] Wegen ihrer häufigen Magenschmerzen stieg sie von Kaffee auf Tee um, der ihr besser bekam. Ihre Erschöpfung besserte sich jedoch selbst im Sommerurlaub auf Wangerooge nicht.[197]

Im Frühjahr 1884 traf Idas Familie wieder ein schwerer Schlag: Ihr Bruder Udo verlor seine Frau Ottolina völlig überraschend nach nur zehnjähriger Ehe. Sie starb am 3. März im Alter von 34 Jahren in Berlin. Nun waren mit Ernst, Luise – ihr Mann Constantin war 1881 gestorben – und Udo schon drei von Idas Geschwistern verwitwet. Ihre Schwester Sophie zog zu Udo und kümmerte sich um seine Töchter Leopoldine und Agnes, da ihr Bruder von seinem Verlust wie gelähmt war. Damit hatte sie eine Aufgabe, die sie in den kommenden Jahren ganz ausfüllte.

Ida nahm die Tragödie ihres Bruders sehr mit. Im Mai musste sie drei Wochen zur Kur, was ihr Mann nur widerstrebend billigte: „Bäuge Dich in Gottes Namen unter das Kreuz. Es ist mir doch lieb, daß es eine Frau Doktorin ist."[198]

Neben seiner Abneigung gegen die Anweisungen von Ärzten war es auch die Aussicht auf drei Wochen Arbeit ohne Idas Hilfe, die ihm die Laune verdarb. Denn Friedrich von Bodelschwingh war in seiner Stellung mehr denn je auf die Assistenz seiner Frau angewiesen.

Ida von Bodelschwingh als Assistentin ihres Mannes

„Der liebe Heiland wolle ... Dir Gnade geben, mit Sanftmuth und Liebe Dein Amt auszurichten, das in meiner Abwesenheit als die Pastorin und Seelsorgerin, oberste Beratherin und Trösterin unserer Elendsgemeinde doppelt schwer auf Dir liegt."[199] Als Friedrich von Bodelschwingh im Juli 1875 diese Worte an seine Frau schrieb, war er wieder einmal auf Reisen, diesmal in Hagen. Vorträge, Konferenzen und Besuche in anderen diakonischen Einrichtungen wie Dettelsau oder Kaiserswerth führten ihn häufig in die Ferne.

In solchen Zeiten vertrat Ida ihren Mann in unterschiedlichen Bereichen. Sie kümmerte sich um Prediger für die Anstaltsgottesdienste und besuchte die Schwerkranken und Sterbenden. Über deren Zustand hielt sie Friedrich in jedem ihrer Briefe gewissenhaft auf dem Laufenden: „Fräulein v. P. besuche ich täglich, vorhin mit Gustav und Frieda – ich glaube sie lebt noch etwas länger, hat mehr Apetit wieder, schwillt aber sehr."[200] Wenn die Wünsche der Kranken über seelsorgliche Zuwendung hinausgingen, vermittelte Ida ihnen einen Pastor: „Simon ... wird dann auch Fräulein Päpprich das Heilige Abendmahl reichen, die mir gestern auftrug, ihn darum zu bitten."[201]

Die an Friedrich gerichteten Briefe öffnete sie und sortierte sie nach Inhalt und Dringlichkeit. Wichtiges schickte sie ihm nach, den Rest gab sie an Pastor Stürmer oder Schwester Emilie weiter; manches beantwortete sie auch selbst. Wenn der Inhalt eines Briefes an ihren Mann es erforderte, leitete Ida selbstständig die nötigen Maßnahmen in die Wege und berichtete ihm nachher davon: „Hammerstein heute zu Besuch im Hause, sein Papa schrieb und ich antwortete in Deinem Namen und daß der Doktor nichts gegen die Reise habe."[202] Viele Antwortbriefe verfasste sie aber nach Friedrichs Vorgaben oder schrieb die Kritzeleien, die er ihr als Antwort zuschickte, noch einmal sauber ab. Manchmal bat Friedrich sie auch, seine Briefe noch etwas umzuformulieren: „Lege Brief ein, damit Du sie direkt noch etwas freundlicher einladen kannst als ich es gethan."[203]

In Friedrichs Abwesenheit behielt Ida den Überblick über wichtige Termine wie den Schwesterntag und organisierte den Ablauf: „Den Schwestern Tag am Sonntag in 8 Tagen kann Schwester Emilie sehr gut mal allein halten, ich werde es ihr sagen, bitte schick nur rechtzeitig den Schwestern Brief."[204] Sie besuchte auch regelmäßig alle Häuser, beobachtete den Unterricht in der Kinderschule und Stürmers Bemühungen, in der „Singstunde" einen Bethel-Chor zu formen. Fielen ihr dabei Missstände auf, zum Beispiel eine Fehlbesetzung der Pförtnerstelle, bat sie ihren Mann umgehend, Abhilfe zu schaffen – zuweilen mit recht deutlichen Worten: „Könntest Du nicht darauf dringen, die Sache mit der armen E. Brinkmann ins Reine bringen? sie ist auf 8 Tage verreist und ordentlich 1 Wohlthat, daß man ihr abschreckendes Gesicht nicht immer in der Pförtner Stube sieht."[205]

Auch bei Stellenbesetzungen hatte Ida von Bodelschwingh ein Wort mitzureden, vor allem, wenn es um Kindererziehung ging. Eingehende Bewerbungen schickte sie – mit ihren Kommentaren versehen – ihrem Mann nach. „Disselhof bietet mir 1 Erzieherin und 1 Klein-Kinder-Lehrerin an, ich glaube beides nichts", urteilte sie im Juli 1878 in einem Brief an Friedrich. An einer anderen Bewerberin störte Ida besonders ihre Herkunft: „... eine Adlige ist wirklich nicht so gut."[206] Ein merkwürdiges Argument für eine Frau, die aus einem alten westfälischen Adelsgeschlecht stammte!

Ihre zahlreichen adligen Verwandten und Bekannten erwiesen sich als sehr nützlich, wenn es um das Einwerben von Spenden ging. Für jedes neue Haus, das in Bethel gebaut wurde, war Friedrich von Bodelschwingh auf Spenden angewiesen. Dabei setzte er in seinem weit gespannten Beziehungsnetz auf die persönliche Ansprache der potenziellen Spenderinnen und Spender, alle erhielten einen eigens auf sie und das beworbene Projekt zugeschnittenen Spendenbrief. Ida unterstützte ihren Mann, indem sie die Briefe an ihren Verwandten- und Bekanntenkreis übernahm und selbstständig gestaltete.

So bat sie 1876 ihre Schwester Luise um eine Spende für eine Kinderschule, indem sie ihr ein Buch über Kinderschulen schickte und psychologisch geschickt erwähnte, dass auch ihre gräfliche Nachbarin schon angeschrieben worden sei: „Deiner Nachbarin, der Gräfin Kielmannsegg, habe ich soeben ein Büchlein zugeschickt ...; da darf ich Dich doch nicht umgehen und möchte Dir gern die Kinderschulsache warm ans Herz legen."[207] 1884 fuhr sie sogar extra nach Berlin, um ihre dort lebenden Verwandten und Bekannten um Geld für den Bau der Zionskirche zu bitten. Mit großem Erfolg: Von ihrem Bruder Udo erhielt sie beispielsweise 500 Mark.[208]

Neben den projektbezogenen Spendenbitten gab es auch die jährlich wiederkehrenden „Weihnachtsbitten“, die Ida in der Adventszeit viel Arbeit machten. Alle Jahre wieder bat sie ihre Lieben um Geldspenden für Bethel statt Geschenken – und bekam meistens beides. Vor allem ihre Mutter und die Geschwister schickten regelmäßig Geld für Friedrichs Arbeit, aber auch reichlich Geschenke für Ida, Friedrich und die Kinder. Oft legte Ida die Weihnachtsgeschenke für die Kinder nur zum Teil auf den Gabentisch, damit er „bescheiden“ blieb.[209]

Im Bereich der Schreibarbeiten war ihr Mann am meisten auf ihre Mitarbeit angewiesen. Täglich diktierte er ihr mindestens eine Stunde lang Briefe und überließ es oft ihr, die passenden Formulierungen zu finden. Wie sehr er bei der Korrespondenz auf sie angewiesen war, zeigte sich immer dann, wenn er ohne Ida auskommen musste, wie bei seinen Nordsee-Kuren 1877 und 1878. Es war aber auch viel Arbeit, die er dort – in seinem Urlaub! – zu bewältigen hatte: „Die vorletzte Post brachte 13 Briefe, die gestrige 9 – ... die wollen alle beantwortet sein. Dazu soll und muß ich nun 2 Berichte für Rheinland liefern, Volkmann sein seit 3 Monaten versprochenes und auf diese Reise vertröstetes Collektenblatt schicken. Eine ganze Fluth Arbeit f. östliche Provinzen, ein Aufsatz fürs Hessische Sonntagsblatt <u>längst versprochen</u> und dringend nöthig, Kaiserswerther Aufsatz muß ausgearbeitet sein – etc. etc.“[210]

Unter diesen Umständen kann man ihm nicht verdenken, dass er hartnäckig versuchte, Ida zu sich nach Norderney zu locken. Seine Überredungsversuche entbehren dabei nicht der unfreiwilligen Komik: „Wenn Du nur 5 Stunden täglich mit mir arbeitest – bleiben Dir 6 Stunden am Strande übrig."[211] Verständlich, dass Ida zunächst wenig Neigung zeigte, Haus Heyde – wo sie sich wirklich erholen konnte – gegen einen Arbeitsurlaub auf Norderney einzutauschen. Friedrich von Bodelschwingh wusste sich aber auch in Idas Abwesenheit zu helfen. Er nahm kurzerhand seinen Hausgenossen Pastor Buschmann als Schreiber in Anspruch: „Hätte ich gewußt, daß den müden Mann das Schreiben gar nicht angreift, so hätte ihn früher eingespannt. Wir arbeiten Morgens 1 Stunde und Nachmittags 1..."[212]

Später sorgte Ida immer dafür, dass ihm in ihrer Abwesenheit jemand für Diktierarbeiten zur Verfügung stand. Bei seinen Aufenthalten in Berlin waren es meistens Idas Schwestern, die für sie einsprangen. Auch die Kinder zog Friedrich dafür heran, sobald sie alt genug waren.[213]

Aber sie alle konnten Ida nicht ersetzen, die manchen Brief nach Stichworten selbstständig ausformulierte und ihrem Mann damit viel Zeit und Arbeit sparte.

Das Streik- und Brandjahr 1885

Das Arbeitspensum von Ida und Friedrich von Bodelschwingh wuchs in dem Maße, in dem der Leiter Bethels immer neue Arbeitsgebiete an sich zog. Er versuchte seine Vorstellung von einer Kolonie der Epilepsiekranken zu verwirklichen, die eine „Trennung nach Geschlecht, Alter, sozialer Herkunft, dem Grad geistiger Behinderung und körperlicher Hinfälligkeit sowie der Arbeitsfähigkeit erlaubte."[214] Zwischen 1872 und

1884 wurden in Bethel 18 Häuser gebaut, darunter mehrere Bauernhöfe, die von Epilepsiekranken bewirtschaftet wurden, und etliche Handwerksbetriebe, in denen die Kranken unter Anleitung von Handwerksmeistern arbeiteten. 1882 kam noch die Arbeiterkolonie Wilhelmsdorf in der Senne dazu, in der arbeits- und obdachlose Wanderer Aufnahme und Beschäftigung fanden. Friedrich von Bodelschwingh wandte sich nun verstärkt der Fürsorge für Wanderarme zu.

Die Expansion der Anstalten stieß nicht überall in der Bielefelder Bevölkerung auf Zustimmung. Durch den Ankauf einiger Höfe in Gadderbaum waren 30 bis 40 Heuerlingsfamilien wohnungslos geworden und mussten in der Stadt unterkommen. Sie machten Stimmung gegen Bodelschwingh, ebenso die Sozialdemokraten, denen die Arbeiterkolonie Wilhelmsdorf mit ihrer strengen Hausordnung und harten Arbeit für wenig Geld ein Dorn im Auge war.[215] Im Jahr 1885 erreichte die aggressive Stimmung ihren Siedepunkt – es kam zu ersten Gewaltakten gegen Bethel.

Direkter Auslöser war der Arbeitskampf in der Nähmaschinenfabrik Koch & Co. im März. Das Unternehmen wollte den Arbeitern die Beschaffung der kleineren Werkzeuge wie Feilen, Hämmer, Schraubenzieher und ähnliches zur Pflicht machen, was faktisch eine Lohnkürzung bedeutet hätte. Der Protest einer Arbeiterkommission führte zur Entlassung ihrer Delegierten. Daraufhin traten etwa zwei Drittel der Belegschaft in den Streik. Es kam zu Arbeiterversammlungen und Demonstrationen in der Bielefelder Innenstadt, bei denen auch Fensterscheiben eingeworfen wurden. Arbeitswillige wurden von den Streikenden gewaltsam daran gehindert, die Fabrik zu betreten.[216]

Ein Gerücht hatte besonders zur Erregung der Arbeiter geführt: Pastor von Bodelschwingh habe für Koch & Co. Arbeiter aus der Kolonie Wilhelmsdorf als Streikbrecher angeworben. Bodelschwingh schaltete sich sofort in den Arbeitskampf ein und versuchte zwischen Fabrikleitung und den Streikführern zu vermitteln. Ida hatte alle Hände voll zu tun, um ihre Verwandten brieflich auf dem Laufenden zu halten. Auch ihr ältester Sohn Wilhelm zählte seit Anfang des Jahres zu ihren „Briefpartnern", da er nun das Gymnasium in Gütersloh besuchte und bei seiner Tante Luise wohnte.

Ende März spitzte sich die Situation zu. Bei einer Demonstration setzte der Oberbürgermeister Gerhard Bunnemann Militär ein, um die Straßen zu räumen. Mit aufgepflanzten Bajonetten gingen die Soldaten gegen die aufgebrachte Menge vor, mehrere Demonstranten wurden verwundet. Zur Wiederherstellung der öffentlichen Ordnung verhängte der Militärbefehlshaber Oberst Köppen in Absprache mit dem Regierungspräsidenten und dem Oberbürgermeister am 28. März den „kleinen Belagerungszustand" über den Stadtkreis Bielefeld und die Amtsgemeinde Gadderbaum-Sandhagen – also auch über Bethel.[217]

Jede Ansammlung von mehr als sechs Personen auf Straßen und Plätzen war jetzt verboten. Militärstreifen patroullierten nachts durch die Stadt und auch durch Bethel, aber Ida hatte trotzdem Angst vor „Randalierern".[218] Nicht ohne Grund: In kurzer Folge kam es in Bethel zu zwei Brandstiftungen. Am Nachmittag des 30. März brannte das Pflegehaus Hebron teilweise nieder, verletzt wurde aber niemand. Drei Tage später schlugen nachts Flammen aus dem Dachstuhl des Hinterhauses von Ebenezer, in dem schwerbehinderte Epilepsiekranke untergebracht waren. Nur mit Mühe konnten die schreiend um sich schlagenden Kranken in Sicherheit gebracht werden. Als Friedrich von Bodelschwingh das brennende Haus erreichte, tönten ihm schadenfrohe Rufe aus der Menge der Schaulustigen entgegen: „So ist's recht, daß Bodelschwingh brennt, warum hat er uns aus unsern Häusern vertrieben!“[219]

Ida und Friedrich traf der Hass tief, der ihnen hier entgegenschlug. Zum ersten Mal wurden sie und ihre Kinder körperlich bedroht. Ihr Sohn Friedrich berichtet in seinen Erinnerungen über diese Wochen: „Man fing an, uns Kinder auf der Straße mit Steinen zu bewerfen. ... Weil die Behörde das Leben unseres Vaters als bedroht ansah, stellte sie einen Posten vor unser Haus. Ein anderer stand an der Kirche. Wir Kinder sahen mit scheuen Blicken den Soldaten mit aufgepflanztem Bajonett in unserem Garten auf und ab gehen.“[220] Ida traute sich kaum noch in die Stadt, „man schimpfte mir ja nach auf offener Straße.“[221]

Während Ida in ihrer Angst kaum noch das Haus verließ, reagierte ihr Mann mit verstärkter Aktivität auf die Anfeindungen. Neben seinen Vermittlungsversuchen im Streik der Arbeiter von Koch & Co. entwarf er „Arbeiterheime“, die auf dem Gelände der Anstalten und auf neu erworbenen Grundstücken im Johannistal entstehen sollten. Bereits am 18. April rief er den „Verein Arbeiterheim“ ins Leben. Gleichzeitig gründete er eine Bausparkasse. Im Herbst konnten die ersten zwölf Familien ihre Häuser beziehen, als Eigentümer oder auch als Mieter. Vor allem Fabrikarbeiter und kleine Beamte hatten sich darum beworben.[222]

Der Belagerungszustand wurde zu Ostern wieder aufgehoben, obwohl sich an der Situation bei Koch & Co. nichts geändert hatte. „Der strike [!] hält immer noch an“, schrieb Ida an Wilhelm, der die Ostertage in Gütersloh verbrachte, „und da wird's nächstens Hunger und Noth in mancher Familie geben.“[223] Erst Ende April nahmen die Streikenden die Arbeit wieder auf, nachdem die Firmenleitung ihre Forderungen teilweise erfüllt hatte.[224] Friedrich von Bodelschwinghs Engagement für den Bau von Arbeiterheimen beruhigte die Gemüter nur wenig. Noch zweimal wurden im April die Fenster in Hebron eingeworfen.[225]

Danach entspannte sich die Lage allmählich und Ida und Friedrich kehrten in ihren gewohnten Alltag zurück. Ida hatte die Krise gesundheitlich gut überstanden. Ihrer Schwester Sophie gegenüber zeigte sie sich selbst überrascht über ihre „Widerstandskraft und gute Gesundheit“.[226] Aber noch waren nicht alle Aufregungen dieses Jahres überstanden.

Mitte Oktober reiste Friedrich von Bodelschwingh zur Generalsynode nach Berlin. Er hielt Ida über alles brieflich auf dem Laufenden, zeichnete ihr sogar einen Plan der Sitzverteilung auf und beschrieb humorvoll, wie er dort seine Zeit verbrachte: „Hier mein Plätzchen in der Synode in der hintersten Reihe neben dem lieben Wangemann, der aber fast die ganze Zeit süß schläft ... Da ich keinen Tisch habe so sitze ich wenn ich schreiben muß immer in dem Conferenzzimmer und empfange dort auch immer meine Besuche ... – Nebe schickt mir allemal Bescheid wenn ich zur Abstimmung kommen muß, und Huchzermeier sagt mir immer wie ich stimmen muß. Dann wecke ich auch immer meinen lieben Nachbar.“[227]

Während Friedrich das Wiedersehen mit alten Freunden und Kollegen genoss, hielt Ida in Bethel allein die Stellung – im wahrsten Sinne des Wortes, denn sie befand sich „im Kriegszustand“, wie sie ihrem Mann nach Berlin schrieb. Offenbar hatten mehrere Bethel-Bewohner angefangen zu randalieren, hatten das Pförtnerhaus verwüstet und versucht, ins Pfarrhaus einzudringen. Sie hatten sich heimlich Alkohol besorgt und versetzten nachts die Anstaltsgemeinde in Angst und Schrecken. „Ich lebe wie im Kriegszustand und wehre mich meiner Haut, verrammle Nachts Fenster und Thüren“, beschrieb Ida die Lage.[228]

Bei Pastor Stürmer fand sie nur wenig Hilfe in dieser Situation, da sie sich nicht einig waren, welche Maßnahmen gegen die Schuldigen ergriffen werden sollten. Ida war dafür, zumindest die Anführer der Gruppe hinauszuwerfen: „Die Rädelsführer müssen unter allen Umständen fort.“ Stürmer hingegen gab die Hoffnung auf Besserung der Übeltäter noch nicht auf und ließ sie zur Strafe „Psalmen memorieren“. Ida fühlte sich von ihm im Stich gelassen „mit all den trüben Gesellen hier.“ Nur Schwester Emilie Heuser stand ihr zur Seite und bestärkte sie in ihrer Ansicht, ein hartes Durchgreifen sei jetzt erforderlich.[229]

Ida bat Friedrich um eine rasche Entscheidung in dieser Sache und ordnete in der Zwischenzeit an, das Pförtnerhaus wieder instandzusetzen. Sie selbst übernahm mit einigen Schwestern die Reinigung des Hauses und schlug vor, dass die Pforte nur noch mit Schwestern besetzt werden sollte. Aber Friedrich setzte sich darüber hinweg und bestimmte, dass die Diakone Wilms und Müller zunächst den Pfortendienst übernehmen sollten. Er schien die Vorfälle in Bethel nicht so ernst einzuschätzen wie Ida. Nach ein paar beruhigenden Worten teilte er ihr am Schluss seines Antwortbriefes mit, dass er von Berlin aus erst mal nach Bremen reisen müsse.[230]

Das war zuviel für Ida, die fest auf seinen Beistand gerechnet hatte. In zwei kurz aufeinander folgenden Briefen beschrieb sie Friedrich nochmals die Lage in den Anstalten als dramatisch: „Stürmer sieht aus wie ein Schatten, so plagt er sich, Dein eigenes Haus war verwüstet und voll Jammer dieser Tage – Gottlob ja heute nicht mehr, Deine Frau in all der Noth mit all den Kerlen allein handelnd – ... kurz es war schrecklich für mich hier und ich habe oft gedacht: ach könnten wir abdanken und in 1 stille Dorfpfarre flüchten!“[231]

Auf ihre subtile Art – aber dennoch recht deutlich – machte sie ihrem Mann klar, was sie von ihm erwartete: „Hältst Du es indeß trotz alldem für Pflicht erst zu den Schwestern und dann erst nach Haus, darf ich nichts sagen. Wenn das Dein Amt ist, zankende Doktoren in fremder Stadt zu Rede zu stellen? in Dein Amt soll ich mich ja nicht mischen. ... Mein Gefühl ist: Du gehörst jetzt hierher und Gott schenke Dirs zunächst mal 1 stillen Tag auszuhalten bei Deinen eigenen Hausgenossen.“[232]

Ob sie mit diesen Worten wohl zu weit gegangen war? Solche oder ähnliche Zweifel mögen Ida von Bodelschwingh bewogen haben, schon gleich am nächsten Tag einen Brief in ganz anderem Tonfall hinterherzuschicken. Fast neckisch klingt es, wenn sie schreibt: „... und möchte mal den Antrag stellen an Hochwerthe Synode den ersten Vagabunden des großen Staates zu verweisen, hübsch in seinem heimathlichen

Kreise zu bleiben und besonders sein Pfarrhaus zu bewahren vor den feinen Vagabunden."[233] Als Friedrich diesen Brief erhielt, hatte er sich allerdings bereits entschieden, von Berlin aus direkt nach Bethel zurückzukehren.[234] Idas erster Brief hatte also seine Wirkung nicht verfehlt. Mit großer Erleichterung gab sie diesmal ihre Stellvertreterrolle wieder ab und kehrte in ihren normalen Pfarrfrauenalltag zurück.

Sehnsucht nach dem „Stilleben". Die letzten Jahre

Nach den aufregenden Ereignissen des Jahres 1885 hätte den Bodelschwinghs etwas Ruhe sicherlich gut getan. Doch davon konnte keine Rede sein, denn ein Problem innerhalb der Familie forderte ihren Einsatz. Friedrichs Schwager Julius von Oven, der Mann seiner verstorbenen Schwester Sophie, litt unter schwerem Verfolgungswahn und war vorübergehend in die „Nassauische Irrenanstalt" eingeliefert worden.[235] Friedrich war dafür, ihn unter Vormundschaft stellen und dann nach Bethel bringen zu lassen, wo er die beste Versorgung fände.

Zahllose Diskussionen im Familienrat in Berlin und in Velmede waren nötig, bis er sich mit seiner Ansicht durchgesetzt hatte. Im Februar 1886 bestimmte das Gericht Julius von Ovens ältesten Sohn Carl zum alleinigen Verwalter des väterlichen Vermögens. Bei „ruhigem Verhalten" sollte Friedrichs Schwager aus der Anstalt entlassen werden und zunächst bei ihnen im Pfarrhaus wohnen, später dann im Eichhof, einem Haus für psychisch Kranke in einer Zweiganstalt Bethels.[236]

Bei Ida waren die Aufregungen des vergangenen Herbstes nicht ohne Nachwirkungen geblieben. Längere Abwesenheiten ihres Mannes konnte sie nur noch schwer ertragen. „Ich war gestern Abend ziemlich elend, Gustävchen that was er konnte, aber Deine beruhigende Nähe vermißte ich schmerzlich", klagte sie Friedrich in einem Brief vom 23. Februar. „Wenn nur die Tour zu Julius hin Dich nicht noch länger ausbleiben läßt."[237]

Erst im Herbst fühlte sie sich wieder sicher genug, um selbst ein paar „Touren" zu wagen. Sie begleitete Friedrich nach Kaiserswerth, wo er eine Predigt zu halten hatte, und fuhr im November allein nach Berlin zu ihrer Mutter. Staunend berichtete sie ihrem Sohn Wilhelm, wie „frisch und munter" seine Großmutter mit 80 Jahren noch sei, während sie selbst so schnell erschöpft sei.[238]

Ihren Mann sah die 50-Jährige inzwischen immer seltener. Friedrich von Bodelschwingh beschäftigte sich mit seinem neuen Projekt, den Arbeiterheimen, und warb unermüdlich um Unterstützung für den neu gegründeten „Verein Arbeiterheim". Er schrieb auch an den Kaiser und an Bismarck, aber beide lehnten es ab, sich dafür zu engagieren. Daraufhin fasste er den Plan, sich in den Reichstag wählen zu lassen, um so mehr politischen Einfluss auf die Behandlung der sozialen Fragen wie Arbeiterheime oder Wandererfürsorge ausüben zu können. Der Vorstand der Bielefelder Anstalten lehnte Friedrichs Vorhaben jedoch ab. Ida war sehr froh darüber, denn sie hielt Friedrichs Arbeitsbelastung ohnehin schon für zu hoch.[239]

Im Frühjahr 1887 kränkelte Ida wochenlang. Von einer schweren Erkältung im Februar erholte sie sich nur langsam und war noch Ende März zu schwach, um Wilhelm in Gütersloh zu besuchen. Anfang Mai fuhr sie mit ihrem Mann nach Bad Oeynhausen zur Erholung, die aber nicht lange vorgehalten haben kann. Denn bereits vier Wochen später reiste das Paar nach Steinbergen bei Rinteln zur „Sommerfrische". Ida war so erschöpft, dass sie viel liegen musste, während Friedrich sich – wie fast immer – eine Arbeitsmappe mit in den Urlaub genommen hatte.[240]

Kurz darauf besuchte Friedrich mal wieder seine alte Pariser Hügelgemeinde. Er logierte in der alten Wohnung seines Freundes Heinrich Witt und schwelgte in Erinnerungen an die ersten Jahre mit Ida in ihrem „Hüttchen". Ausführlich beschrieb er ihr all die Orte, die sie damals gemeinsam besucht hatten und legte wie früher ein getrocknetes Veilchen in den Brief an sie.[241] Es wird sie wohl ein wenig getröstet haben, denn sie fühlte sich immer noch matt und elend und musste viel liegen.

Krankheit blieb das vorherrschende Thema der Jahre 1887 und 1888. Kronprinz Friedrich Wilhelm, Friedrichs Spielgefährte aus Kindertagen, war an Stimmbandkrebs erkrankt und verweigerte die nötige Operation am Kehlkopf. Friedrich machte sich große Sorgen um ihn, schrieb ihm von Steinbergen aus einen langen privaten Brief und sandte ihm im Sommer ein Sträußchen Dünenblumen, das seine Kinder auf Wangerooge gepflückt hatten. Dafür erhielt er im Oktober einen Dankesbrief aus San Remo, in dem der Thronfolger noch von der Hoffnung auf Genesung und ein Wiedersehen mit seinem alten Freund sprach.[242]

Aber der Gesundheitszustand des Kronprinzen verschlimmerte sich im Winter derart, dass die Ärzte einen Luftröhrenschnitt bei ihm vornehmen mussten. Er verlor dabei seine Stimme. Oberhofprediger Rudolf Kögel – seit 1884 verheiratet mit Idas Schwester Lina – bat seinen Schwager Friedrich, an seiner Stelle nach San Remo zu fahren, um dem Thronfolger seelsorgerlich beizustehen. Kögel selbst wollte in Berlin bei dem neunzigjährigen Kaiser bleiben, dessen Ende nahe war.[243]

Friedrich von Bodelschwingh war sofort bereit zu der Reise. Er hielt es für seine Pflicht, dem alten Freund das Sterben zu erleichtern. Ida war da ganz anderer Meinung, da sie auch die Haltung der Kronprinzessin Victoria zur Krankheit ihres Mannes in Betracht zog. Diese hatte stets betont, dass Friedrich Wilhelm wieder gesund werde, und wollte nichts vom Sterben hören. Ida fürchtete, sie würde Friedrich vielleicht gar nicht zum Kronprinzen vorlassen, damit der Kranke nicht jede Hoffnung verlöre.[244]

Ihr Mann setzte sich aber über ihre Bedenken hinweg und trat Anfang Februar 1888 seine Reise an, die ihn über Frankfurt, Basel und Zürich nach San Remo führte. Noch auf der Fahrt schrieb er Ida, dass er ihre Zweifel nicht verstehen könne und sehr ärgerlich darüber sei.[245] Doch Ida sollte Recht behalten: Kronprinzessin Victoria lehnte es entschieden ab, Friedrich von Bodelschwingh einen Besuch bei ihrem kranken Mann zu gestatten. Nachdem er sich mehrfach vergeblich darum bemüht hatte, reiste er schließlich enttäuscht wieder ab.

Ida erschrak nicht wenig, als sie ihn wiedersah. „Ganz alt und grau“ sei er geworden, schrieb sie Mitte März an ihre Schwester Elise in Berlin.[246] Am 9. März war Kaiser Wilhelm I. mit knapp 91 Jahren gestorben. Kronprinz Friedrich folgte ihm nun als Friedrich III. auf den Thron. Aber seine Krankheit ließ ihm nur noch wenig Zeit. Nach 99 Tagen Amtszeit starb er am 15. Juni 1888. „Bei der Todesnachricht schluchzte Vater auf", berichtete Gustav von Bodelschwingh in seinen Erinnerungen.[247] Mit Friedrichs Sohn Wilhelm II. erlebte das Deutsche Reich den dritten Kaiser in einem Jahr.

Während Friedrich von Bodelschwingh Ablenkung in seiner Arbeit fand, waren Idas Gedanken mehr bei ihrer Schwester Luise in Gütersloh. Wilhelm hatte ihr erzählt, dass seine Tante manchmal unter Angstzuständen leide, und Ida hatte ihn daraufhin gebeten, sie heimlich über Luises Befinden auf dem Laufenden zu halten. Mitte Juli verschlimmerte sich ihr Zustand so, dass sie nach Berlin gebracht werden musste, wo sie von Geheimrat Laehr, dem Leiter des Schweizerhofs, behandelt werden sollte. Ida packte für sie und organisierte alles für die Reise. Sie versprach Luise auch, sich um ihre Kinder zu kümmern, die jetzt in Gütersloh auf sich gestellt waren.[248]

Die Sorge um Luise begleitete Ida in den Urlaub auf Amrum im August, in dem sie nicht die rechte Erholung fand. Schon auf der Überfahrt war die ganze Familie seekrank geworden. Friedrich und die Kinder erholten sich rasch davon, aber Ida ging es noch tagelang so schlecht, dass sie viel liegen musste. Sie grübelte über Luises Krankheit und trauerte um ihre alte Freundin Maria Witt, die kurz vor Antritt ihrer Reise gestorben war. Ihre Weggefährtin aus den Jahren in Paris hinterließ elf Kinder, die zum Teil noch unmündig waren.[249]

Im September wurde Wilhelm von Bodelschwingh 19 Jahre alt. Idas Geburtstagsbrief enthielt neben vielen guten

Wünschen auch ernste Töne. Die ersten Weichen für seine Berufswahl müssten gestellt werden, schrieb sie ihm, und sie würde ihn gerne auch als Pfarrer sehen. An seinem Geburtstag konnte sie nicht bei ihm sein, weil sie von Elisabeth Fürstin zur Lippe, einer Freundin der Familie, ins Schloss in Detmold eingeladen war, um dem neuen Kaiser vorgestellt zu werden.[250]

Wilhelm und die jüngeren Kinder von Luise waren auch im Winter noch allein in Gütersloh, da Idas Schwester weiterhin im Schweizerhof bleiben musste. Ida fuhr oft zu ihnen, um dort nach dem Rechten zu sehen. Dabei geriet sie regelmäßig mit Luises ältester Tochter Marie aneinander, die der Meinung war, ohne die Anweisungen ihrer Tante für ihre jüngeren Geschwister sorgen zu können. Ida strengten diese Auseinandersetzungen sehr an. Sie sei „völlig erschöpft", klagte sie ihrer Schwester Sophie im Januar.[251]

Die Ereignisse des Frühjahrs 1889 lenkten Ida dann erst mal von Luise und ihrer widerspenstigen Tochter ab. Am 31. März starb ihre Mutter überraschend in Berlin. Sie wurde am 6. April in Haus Heyde beigesetzt, wobei Friedrich von Bodelschwingh die Grabrede hielt. Kurz darauf reiste Wilhelm nach bestandenem Abitur nach Basel ab, wo er Theologie studieren wollte. Am 1. Mai erreichte ihn dort der erste Brief seiner Mutter, dem noch viele weitere folgen sollten. Alle vier bis fünf Tage schrieb sie ihm, hielt ihn über die Familie auf dem Laufenden, gab viele Haushaltsratschläge und schickte ihm Leckereien und Geld: „Knausern darfst Du nicht."[252] Über das Geld sollte er jedoch genau Buch führen und ihr über jeden Posten Rechenschaft ablegen. „Und nur keine Zechereien!"[253]

Anfang Mai berichtete Ida ihm ausführlich von der Konfirmation seiner Geschwister Gustav und Frieda in Bethel. Ihr schloss sich ein Kaffeetrinken in Haus Nazareth an, so dass Ida nicht so viel Arbeit mit der Bewirtung hatte. Sie stand kurz vor der Reise nach Berlin zur Testamentseröffnung und hoffte, bei der Gelegenheit auch Luise besuchen zu können, der es wieder etwas besser ging. Allerdings war ihr nicht wohl bei dem Gedanken, nach dem Tod der Mutter deren leere Räume wiederzusehen.[254]

In Berlin blieb ihr aber wenig Zeit zu trauern. Nach der Testamentseröffnung drehten sich die Diskussionen in der Familie nur noch um Luise. Sie war vorerst noch sehr ruhebedürftig und konnte auf keinen Fall wieder zurück in ihr Haus in Gütersloh mit den vielen lebhaften Kindern. Friedrich steuerte von Bielefeld aus den Vorschlag bei, Luise in Bethel im Haus Neusalem pflegen zu lassen.[255] Schließlich setzte sich Udo durch und bestimmte, Luise solle zu ihm ziehen. Sophie war mit seinen Töchtern gerade in die Schweiz gefahren und wollte dort Wilhelm in Basel besuchen. Ihr Bruder untersagte Ida sogar, Luise zu besuchen, um ihr jede Aufregung zu ersparen.[256]

Darüber aufgebracht reiste Ida ab. Zuhause musste sie ihren Mann trösten, der erschüttert über den Tod Julius von Ovens war. Sein Schwager war am 1. Juni im Alter von 60 Jahren verstorben. Friedrich machte sich Vorwürfe, nicht genug für den psychisch Kranken getan zu haben.[257] Er hatte kein Ohr für Idas Ärger über Udo, und Wilhelm – von seiner Mutter sofort ausführlich ins Bild gesetzt – riet ihr, sich in Zukunft doch mehr aus Luises Angelegenheiten herauszuhalten.[258]

Im Sommer finanzierte Friedrich von Bodelschwingh seinem ältesten Sohn eine Italienreise, die Wilhelm unter anderem nach Neapel und Mailand führte. Im August trafen sich die Eltern mit ihm in Dillenburg bei Idas Schwägerin Frieda. Ida genoss das Wiedersehen mit ihrem Sohn und konnte sich in diesem Urlaub einmal so richtig erholen, da Wilhelm sie bei den Schreibarbeiten für seinen Vater vertrat.[259]

Inzwischen hatten sich Ida und Friedrich auch Gedanken über die weitere Erziehung der 15-jährigen Frieda gemacht. Mitte Oktober brachte Friedrich seine Tochter in das Pensionat Sophienhof bei Preetz in Holstein, wo sie ihre Bildung verfeinern sollte. Dort wurde großer Wert auf Sprachen gelegt; die Unterrichtssprache war Französisch. Neben Englisch, Französisch, Geschichte, Literatur und Geographie lernte Frieda auch, zur Andacht auf dem Harmonium zu begleiten.[260]

Obwohl sie von ihrer Freundin und Cousine Elise[261] begleitet wurde, vermisste Frieda ihre Eltern und Geschwister anfangs sehr. „Friedchen hat sich gestern Abend bei mir allein ein wenig ausgeweint – ein bisschen Heimweh", berichtete Friedrich von Bodelschwingh seiner Frau.[262] Auch Ida hatte Sehnsucht nach ihrer Tochter. Sie fühlte sich oft einsam, erschöpft und überarbeitet, seit ihr Frieda nicht mehr im Haushalt helfen konnte. Dazu kam die Sorge um Gustav, der im Herbst ständig kränkelte.[263]

Zu Weihnachten durfte Frieda nach Hause kommen, während Wilhelm in Basel blieb. Das Fest wurde im Pfarrhaus ganz still begangen, weil eine Grippewelle die Bethelgemeinde erfasst hatte und die Bodelschwinghs nicht verschont geblieben waren. Friedrich war so erkältet, dass er an

Ida von Bodelschwingh mit ihrer Tochter Frieda um 1890.

den Festtagen nicht predigen konnte – zur Freude Idas, wie sie Wilhelm gestand. Endlich konnte ihr Mann einmal in Ruhe mit ihnen Weihnachten feiern.[264]

Nachdem er sich wieder erholt hatte, stürzte sich Friedrich von Bodelschwingh im Januar 1890 mit gewohnter Energie in zwei neue Projekte: das „Kandidatenkonvikt" und die Mission in Ostafrika. Im Kandidatenkonvikt sollten Kandidaten der Theologie, die beide theologischen Prüfungen abgelegt hatten, die Möglichkeit erhalten, sich unter dem Dach der Diakonenanstalt Nazareth für den Missionsdienst in den deutschen Kolonialgebieten ausbilden zu lassen. Bodelschwingh stand in Kontakt mit der „Evangelischen Missionsgesellschaft für Deutsch-Ostafrika" (EMDOA), die ihn um Personal für ihre Stationen und Krankenhäuser bat. In kürzester Zeit sandte er die ersten Diakone und Diakonissen nach Sansibar, ließ sich ins Missionskomitee der EMDOA wählen und übernahm dort das Kommando.[265]

Ida verfolgte diese Entwicklung mit großem Unmut. Sie sähe seinen Vater nur noch zwischen 6 und 7 Uhr morgens, wenn er ihr Briefe diktiere, klagte sie Wilhelm. Ein Familienleben fände praktisch nicht mehr statt. Wilhelm solle doch Friedrich dazu bringen, Ostafrika aufzugeben.[266] Doch Friedrich ließ sich von seinen Plänen nicht abbringen. Allein gelassen von fast allen Familienmitgliedern – Wilhelm in Basel, Frieda im Sophienhof und Gustav zur Erholung auf dem Eichhof in der Senne – wurde Ida depressiv und durchlebte im Januar und Februar „unter rechtem Gemüthsdruck viele schwere Stunden."[267]

Ende Februar wurde Frieda nach Hause geholt, um ihrer Mutter beizustehen. Ihre Fürsorge tat Ida gut, sie wurde wieder munterer und nahm regen Anteil an Wilhelms geplanter Italienreise. Er bereiste diesmal Florenz, Rom und Neapel, bevor er im Mai sein Studium in Halle an der Saale fortsetzte. In Neapel erreichte ihn am 7. April die Nachricht vom Tod seines Onkels Franz von Bodelschwingh. Friedrich hatte seinen todkranken Bruder noch Ende März besuchen können und war erschüttert über dessen Ende.[268]

Die Sommerferien auf Amrum hatte die Familie Bodelschwingh nach dem ereignisreichen Frühjahr bitter nötig. Ida erholte sich gut und gewann wieder neue Lebensfreude. Sie stimmte sogar zu, Gustav für das neue Schuljahr ebenfalls nach Gütersloh aufs Gymnasium gehen zu lassen. Wohnen konnte er – wie Wilhelm damals – bei ihrer Schwester Luise, die sich wieder vollständig von ihren Angstzuständen erholt hatte.[269]

Anfang November wagte sich Ida zum ersten Mal in ihrem Leben in eine politische Versammlung. Zusammen mit ihrem Mann besuchte sie eine „sozialdemokratische Frauenversammlung“, in der es um Wohnungen für Arbeiterinnen ging. Als Friedrich ums Wort bat, um sein Konzept der Arbeiterheime vorzustellen, „da ging eine Bewegung durch den Saal“, schilderte Ida den Vorfall ihrem Sohn Wilhelm. Aber Friedrich hätte ganz ruhig weitergesprochen und bis spät nachts noch mit den Frauen diskutiert. Zum Schluss seien sie sogar eingeladen worden wiederzukommen.[270]

Doch für Ida war dies ein einmaliger Ausflug in die Politik. Ohne Friedrich wäre sie sicher nicht hingegangen, denn politisches Engagement passte nicht in ihr konservativ-christliches Bild von der Rolle der Frau. An ihre Mutter schrieb sie einmal über ihre Schwester Sophie: „Du wirst sehen, wie allmählig sie fröhlich und frisch und einfach die kleinen häuslichen Arbeiten verrichten wird, worin doch nun mal unser weiblicher Beruf besteht."[271] Auch die Erziehung ihrer Tochter Frieda, die von Januar bis Mai 1891 als Haustochter bei einer befreundeten Familie in Villigst lebte, diente vor allem der Vorbereitung auf ihre künftige Rolle als Hausfrau und Gehilfin in einem Pfarrhaushalt: „Aber reich und schön ist auch Friedas Leben und wenn sie in stiller Treue ihren alternden Eltern dient, hat sie volle Befriedigung und sie ist viel verständiger geworden und sieht das auch ein."[272]

Dieses Mal hatte Ida keine Zeit, sich während der Abwesenheit ihrer drei Ältesten einsam zu fühlen, denn sie war viel mit Friedrich unterwegs. Ende Januar 1891 besuchten sie Elise in Berlin und im April begleitete Ida ihren Mann nach Magdeburg. Wieder zuhause, erwarteten sie wie gewohnt viel Arbeit und Besucher. „Und doch ists schön hier und daß ich Anderen dienen darf mit meinen paar Kräften, wird mir immer lieber", schrieb sie an Elise.[273]

Während Ida eine gesundheitlich stabile Phase erlebte, machten sich bei ihrem Mann verstärkt Stresssymptome bemerkbar. Ida nahm bei ihm eine „innere Hast und Zerstreutheit" wahr; er war ständig heiser und schnell erschöpft. Nur drei Tage verbrachte er im Juli mit seiner Familie in Haus Heyde, obwohl er dringend Erholung brauchte. Seine hohe Arbeitsbelastung bereitete Ida immer größere Sorgen.[274]

Ihre eigene wurde allerdings auch nicht kleiner. Ende Oktober berichtete Ida ihrem Sohn Wilhelm, Friedrich habe sie und Frau Stürmer bei der Hauselternkonferenz als Schlichter unter den verschiedenen Häusern eingesetzt – eine heikle Aufgabe, die viel Fingerspitzengefühl erforderte.[275] Kaum zwei Wochen später fuhr sie mit ihrem Mann zur Synode nach Berlin. Wie im Januar wohnten sie bei Elise. In der feuchten Nebelluft erkälteten sich Friedrich und Elise schwer, nur Ida blieb davon verschont. Da er zu schwach war, um lange zu arbeiten oder die Synode zu verfolgen, suchte Friedrich mit Ida manche Plätze ihrer Jugend auf, zum Beispiel die Eisbahn. Damit machte er ihr unverhofft eine große Freude.[276]

Auch nach vier Wochen war Friedrich von Bodelschwingh noch immer grippekrank, wollte sich aber in Bethel keine Schonung gönnen. Da griff Ida energisch ein: Mit einem Brief an den Vorstand der Anstalten sorgte sie dafür, dass ihrem Mann während seiner Krankheit Arbeit abgenommen wurde.[277] Ihre Tatkraft und ihr Durchsetzungsvermögen, die sie hier wie schon so oft in ihrem Leben zeigte, bewertete Ida selbst erstaunlicherweise eher negativ: „Wir Bodelschwinghs haben leider alle etwas Strenges, Enges, Hartes an uns ..., auch so ungeduldig sind wir und etwas von unserem geliebten Mütterchen zu tüchtig und zu energisch erzogen und tun uns darauf förmlich etwas zugute."[278]

Im Winter 1891/92 erfasste die Grippewelle die ganze Bethelgemeinde, dazu kamen vereinzelte Fälle von Typhus. Ida hatte viele Besuche bei Kranken und Sterbenden zu machen, litt abends oft unter „heftigen Krämpfen" und sehnte sich nach mehr Ruhe. Zuhause verlangte vor allem Gustav ihre Aufmerksamkeit. Er stand kurz vor den Abiturprüfungen, hatte schreckliche Angst davor und war unentschlossen, welcher Beruf zu ihm passen würde. Sorgen machte sie sich auch um Frieda, die blutarm und nervös war. Trotzdem begleitete sie Mitte Februar ihren Mann nach Bremen, denn „Papa geht doch vor."[279]

Gustav bestand das Abitur und entschied sich auf den Rat seiner Eltern hin, ebenfalls Pfarrer zu werden. Er nahm im April das Studium in Greifswald auf, wo auch Wilhelm seit Herbst 1891 studierte. Die beiden Brüder bezogen zusammen eine kleine Wohnung, während Frieda ihre Tante Elise in Berlin besuchte und von ihr ins Großstadtleben eingeführt wurde. Der 15-jährige Fritz entwickelte sich indessen zum „Sonnenschein der Familie", seine Späße brachten Ida immer zum Lachen.[280]

Idas Verlangen nach mehr Ruhe wurde auch zu Ostern nicht erfüllt. „Hatte abends noch 9 Fremde, kam furchtbar müde um ½ 11 zu Bette", schilderte sie Elise. „So geht es fast immer der Natur entgegen. – Man gewöhnt sich allmählich, ob auch nicht leicht, an das Aufgeben der eigenen Wünsche."[281] Zu ihren Wünschen gehörte nach wie vor, dass sich ihr Mann mehr schonen würde, doch der intensivierte nur noch seine Reisetätigkeit, oft ohne sich mit Ida abzusprechen. „Öfters erfahre ichs erst durch die Zeitung oder andere Menschen", beklagte sie sich bei ihrer Schwester. Linas Mann, Domprediger Kögel, solle Friedrich doch einmal ins Gewissen reden, denn auf sie höre er ja nicht.[282]

Ida fühlte sich zunehmend von ihrem Mann unverstanden und allein gelassen. Ihr ständiges Leben „der Natur entgegen" führte im Sommer 1892 zu einer schweren Depression, die monatelang anhielt. Sie konnte keine Briefe mehr schreiben, keine Besucher empfangen und litt unter Angstzuständen. Mitte September glaubte sie sich dem Tode nahe und schrieb unter diesem Eindruck einen letzten kurzen Gruß an ihre Lieben: „Mein heiß geliebter Mann, meine theuren Kinder, meine geliebten Geschwister und Freunde. Dank, Dank für alle Eure Liebe. Der Herr mit Euch und Er helfe Euch aus Gnaden in Seinen Himmel. Eure arme Ida.“[283]

Im Oktober stellte sich zumindest tagsüber eine leichte Besserung bei ihr ein. Sie schrieb wieder an Elise und erzählte ihr von ihren Symptomen. Sie sei völlig antriebslos und spüre einen großen inneren Druck, doch am schlimmsten seien die nächtlichen Angstzustände. Jede Nacht wache sie um drei Uhr auf und die Angst ließe sie nicht mehr zur Ruhe kommen.[284] Frieda und Fritz waren bei ihrer Mutter, aber Friedrich war genau so häufig auf Reisen wie sonst. „Große Freude über mein Kommen bei Kranken und Gesunden!“, schrieb er Ende Oktober aus Metz an Ida, die sich über sein Kommen sicher auch sehr gefreut hätte.[285]

Auch nach Berlin zur Ostafrika-Konferenz, die Anfang November stattfand, konnte Ida ihn noch nicht begleiten; sie hatte „schlechte Tage und wieder bessere.“[286] Erst im Winter ging es ihr besser. In der eisigen Kälte des Januar 1893 kam es wieder zu zahlreichen Influenzafällen in Bethel. Idas Hausmädchen Mina erkrankte schwer, so dass Ida und ihre Tochter ihre Arbeit mit übernehmen mussten. Auch Friedrich steckte sich an und Luises Sohn Victor wurde mit lebensbedrohlicher Lungenentzündung ins Lazarett eingeliefert. Ida ließ sich vom Wetter und ihrer ständigen Erschöpfung nicht davon abhalten, Luise in Gütersloh zu besuchen und ihr Trost zu spenden.[287]

Im Februar wurden die Bodelschwinghs von einer schrecklichen Nachricht erschüttert: Erich von Oven, der jüngste Sohn von Friedrichs verstorbener Schwester Sophie, hatte sich erschossen. Ida war fassungslos: „Von Ernst [sein Bruder] in seiner oft tiefen Schwermuth hätte ichs mir denken können, aber Erich, der frische muntere Offizier!“[288] Ihr Mitgefühl galt vor allem ihrer Schwägerin Frieda, die Sophies Kinder nach dem frühen Tod der Mutter aufgezogen hatte. Angesichts dieser Tragödie war sie direkt dankbar für den frühen Tod ihrer ersten vier Kinder, waren sie doch bewahrt vor „dieser bösen Welt“.[289]

Um ihre lebenden Kinder und um ihren Mann sorgte sie sich inzwischen in einem Maß, das ihre Gesundheit angriff. Nächtelang lag sie wach, wenn Friedrich auf Reisen war oder Frieda gesundheitlich etwas angeschlagen. Als Elise im Frühjahr nach Bad Ems zur Kur fuhr, versuchte Ida ihren Mann zu überreden, mit ihr auch dorthin zu reisen, aber er lehnte ab. „Bis dahin war all mein Bitten vergebens, so oft ich schon gesagt habe, daß meine Kräfte diese stete Unruhe nicht lange mehr ertrügen.“[290]

Im Sommer erlahmte Friedrichs Widerstand gegen eine Kur allmählich, denn er fühlte sich – nach Reisen nach Villigst, Berlin und Frankfurt – sehr ausgelaugt und hatte wieder Probleme mit der Stimme. „Es wird uns Beiden zuviel, wir werden alt“, stellte Ida in einem Brief an ihren Sohn Wilhelm fest.[291] Anfang August fuhren Ida und Friedrich nach Bad Ems. Dort diagnostizierte der Kurarzt bei Friedrich von Bodelschwingh einen Rachenkatarrh sowie Erschöpfung und verbot dem Anstaltsleiter kategorisch, geistig zu arbeiten und viel zu reden. Ida war sehr zufrieden mit dem Arzt.[292]

Nach zwei Wochen hatte sich Friedrichs Zustand kaum gebessert, so dass ihm der Kurarzt zu weiteren vier Wochen Kuranwendungen riet. Vor Mitte September sollte er keinesfalls wieder arbeiten. Damit es ihm nicht allzu langweilig wurde, setzten die Bodelschwinghs ihre Kur in Oberhof im Thüringer Wald fort, wo auch Lina und Rudolf Kögel und Sophie mit Udos Töchtern Urlaub machten. Gustav, Frieda und Fritz stießen dort zu ihnen, während sich Wilhelm zuhause auf das zweite theologische Examen vorbereitete. Die Ruhe und die gemeinsamen Spaziergänge mit Friedrich und ihren Kindern taten Ida gut, aber sie hatte schon wieder Angst vor der Rückkehr in den Alltag.[293]

Und tatsächlich hatte die Erholungszeit offenbar nicht gereicht, um sie nachhaltig zu stärken. Als Wilhelm Ende September im Examen saß, lag Ida vor Aufregung mit Durchfall im Bett. Wilhelm bestand und ging auf Drängen Kögels nach Berlin ins Domstift; Gustav setzte sein Studium an der Berliner Universität fort. Die beiden luden ihre Mutter im November zu einem Besuch ein, aber Ida fühlte sich nicht wohl genug. Sie musste in Bethel in dieser Zeit wieder an vielen Kranken- und Sterbebetten sitzen und war davon sehr mitgenommen. Sie müsse sich „still halten", erklärte sie Wilhelm.[294]

Im Januar 1894 bekam die fast 20-jährige Frieda von ihrem Vater die Erlaubnis, für einige Monate bei Schwester Eva von Tiele-Winckler[295] in ihrem „Friedenshort" mitzuarbeiten. Das kleine Kranken- und Schwesternhaus befand sich auf dem Gut ihrer Familie im schlesischen Miechowitz. Schwester Eva, seit Jahren eine Freundin der Familie Bodelschwingh, begleitete Frieda auf der Reise. Im „Friedenshort" erwarteten sie harte körperliche Arbeit und stundenlange Gebetsübungen, aber Frieda fühlte sich trotzdem dort sehr wohl. „Es war für sie durchaus nötig, einmal in reguläre feste

Arbeit zu kommen, die sie innerlich befriedigt“, stellte ihr Vater zufrieden fest.[296]

Ida teilte diese Zufriedenheit nicht, denn sie vermisste ihre Tochter viel zu sehr. Zu ihren ständigen Sorgen um sie kam die Mehrbelastung im Haushalt, wo ihr Friedas Hilfe fehlte. Sie war oft so erschöpft, dass Fritz sie bei den Schreibarbeiten für seinen Vater vertreten musste. Frieda war kaum einen Monat fort, als Friedrich ihr nahelegte, zu Idas Geburtstag im April wieder heimzukehren: „Die Mutter ist wirklich leidend und bedarf Deiner.“[297]

Frieda verkürzte notgedrungen ihren Aufenthalt bei Eva von Tiele-Winckler, um zuhause ihren Tochterpflichten nachzukommen. Sie übernahm den Haushalt, als Ida Anfang Mai mit Friedrich nach Bad Ems fuhr, weil er dort eine Kirchbau-Konferenz besuchen wollte. Der Arbeitsurlaub tat beiden gut. Friedrich fand zwischen den beruflichen Terminen noch Zeit für Kuranwendungen und lange Spaziergänge mit Ida, die die Ruhe und die aufblühende Natur sehr genoss. Bei dieser Erholung war sie auch wieder in der Lage, mit ihrem Mann „stramm“ zu arbeiten. Sie habe „für Afrika geschrieben, für Nazareth und den Schwestern Brief“, berichtete sie Wilhelm.[298]

Ihrer Tochter gegenüber hatte Ida ein schlechtes Gewissen. Sie wusste, dass Frieda äußerst ungern den „Friedenshort“ verlassen hatte und die Mithilfe im Haushalt sie nicht wirklich ausfüllte. Um ihr eine Freude zu machen, bat sie Elise, Frieda für eine Weile bei sich aufzunehmen und ihre Garderobe zu ergänzen und aufzufrischen. Friedas Kleidung sei „zu altmodisch für ein junges Mädchen und für Berlin“[299] – eine sehr ungewöhnliche Feststellung für eine Frau

Ida von Bodelschwingh in ihren letzten Lebensjahren.

wie Ida von Bodelschwingh, die selbst nie Wert auf modische Kleidung gelegt hatte. Sie trug meistens ein schlichtes dunkles Kleid mit einer weißen Haube.[300] Aber hier ging es darum, Frieda mit einem Einkaufsbummel in der Großstadt von ihrer Sehnsucht nach dem „Friedenshort" abzulenken, wo nicht auf Äußerlichkeiten geachtet wurde.

Ob das gelang, ist eher zweifelhaft. Jedenfalls kehrte Frieda Anfang Juni mit neuer Garderobe nach Bielefeld zurück und übernahm wieder das Kochen. Lange musste sie sich damit nicht langweilen, denn die Ferien standen vor der Tür und damit begann die Zeit der Reisepläne. Wilhelm und Gustav waren in der Schweiz – Gustav zum Studium in Basel und Wilhelm auf dem Weg zur Synode der Waldenser – und Fritz wollte mit seinen Brüdern dort eine Wanderung unternehmen. Friedrich plante, mit Frau und Tochter nach Bern zu reisen und seine Söhne da zu treffen. Zum 50-jährigen Bestehen des „Berner Hauses", eines Diakonissenhauses, sollte er auch eine Predigt halten. Von Bern aus sollte es dann weiter nach Heinrichsbad zur Erholung gehen.[301]

Ida war nicht begeistert von dem Vorhaben. Die Reise war ihr zu weit und sie hatte Angst vor den vielen Menschen in Bern bei der Jubiläumsfeier. Sie gestand Elise, dass sie viel lieber mit ihr ins ruhige Oberhof fahren würde, um sich dort auszuruhen.[302] Im Juli traf sie sich mit Elise und ihren übrigen Geschwistern in Haus Heyde, wo sie endlich einmal Zeit fand, wieder Briefe zu schreiben an Verwandte und Freunde. Bei Wilhelm entschuldigte sie sich sogar für ihre „Schreibfaulheit" (sie schrieb nun nur noch etwa zweimal im Monat an ihn) und meinte, die Briefe seines Vaters seien sicher kein Ersatz für ihre, weil „mein Friedrich soviel steifer und trockener geworden im Vergleich zu früher."[303]

Im August reisten Ida und Friedrich mit ihrer Tochter über Frankfurt, Heidelberg und Basel nach Bern. Beim Jubiläum trafen sie viele alte Bekannte, sogar aus den Pariser Tagen. Wider Erwarten konnte Ida die Reise in vollen Zügen genießen. In Beatenberg, hoch über dem Thuner See, stießen die Söhne zu ihnen und die Familie verlebte einige Tage gemeinsam, bis Wilhelm und Gustav zu den Waldensern weiterzogen. Mit Frieda und Fritz fuhren die Eltern weiter nach Heinrichsbad. In dem ruhigen Ort fand Ida die nötige Erholung, sie fühlte sich von allen Sorgen und Grübeleien befreit, „sehr befriedigt und erquickt."[304] Es sollte das letzte Mal sein, dass sie unbeschwerte Ferientage mit ihrer Familie erleben konnte.

V.

„Ach, wird das ein Ausruhen sein bei meinem treuen Heiland!"

Auf der Rückreise machten die Bodelschwinghs Station bei Idas todkranker Freundin Hedwig von Brauchitsch in Stuttgart. Ida fand ihre Jugendfreundin vollständig gelähmt und vom Krebs gezeichnet vor, ein Anblick, der sie tief erschütterte. Aber trotz ihrer Schmerzen und der Gewissheit, bald sterben zu müssen, war Hedwig von Brauchitsch frei von Angst, fast heiter. Ihre innere Ruhe beeindruckte Ida sehr. Mit einem „Auf Wiedersehen beim Herrn" nahmen sie schließlich Abschied voneinander.[305]

Von da an war Ida davon überzeugt, ebenfalls bald sterben zu müssen. Der Gedanke beherrschte sie vollkommen, aber er bewirkte bei ihr weder Angst noch Schwermut, sondern eine fieberhafte Erregung und Unruhe. Sie wollte noch so viel wie möglich erledigen, sich von allen Bekannten und Verwandten verabschieden und lieb gewordene Orte noch einmal aufsuchen. So bestand sie darauf, ihren Mann Ende September zur Kaiserswerther Konferenz zu begleiten. Während Friedrich kaum wagte, sie dort allein zu lassen, genoss Ida das Zusammensein mit vielen alten Bekannten. Sie vergaß auch nicht, Wilhelm einen Geburtstagsgruß zu senden, über den er sich aber erschrocken haben wird: Die sonst so ordentliche Schrift seiner Mutter war groß und krakelig geworden, kaum wiederzuerkennen.[306]

Nach ihrer Rückkehr nach Bethel verlor Ida von Bodelschwingh zunehmend den Begriff von Raum und Zeit. Sie führte viele Tätigkeiten wieder und wieder aus, weil sie nach kurzer Zeit vergessen hatte, dass sie sie bereits erledigt hatte. Sie verwechselte Daten und Menschen. Neben dieser Verwirrtheit quälten sie kurze, heftige Kopfschmerzattacken. Trotzdem war sie unermüdlich damit beschäftigt, Schränke und Kommoden aufzuräumen und Abschiedsgeschenke an ihre Verwandten und Freunde zu schicken. Ihre Familie hatte alle Hände voll zu tun, sie daran zu hindern, Gegenstände zu verschenken, die noch gebraucht wurden.[307]

Ende Oktober wollte Ida mit ihrem Mann unbedingt zur Generalsynode nach Berlin fahren, um ihre Söhne Wilhelm und Gustav und ihre Geschwister zu sehen.[308] Die Ärzte empfahlen Friedrich, ein möglichst ruhiges Quartier außerhalb der Innenstadt zu beziehen, wo die Kranke keinen Aufregungen ausgesetzt war. Die Eltern reisten also mit Frieda in eine kleine Familienpension in der Nähe von Sanssouci, dicht neben dem Park gelegen, der ihnen Gelegenheit zu ausgedehnten Spaziergängen bot.

In der ruhigen Umgebung besserte sich Idas innere Erregung und ihre zeitweiligen Verwirrungszustände traten kaum noch auf. Sie freute sich über das Wiedersehen mit ihren Söhnen und Geschwistern und besuchte alte Bekannte wie Dr. Laehr im Schweizerhof oder ihren ehemaligen Lehrer Geheimrat Wiese. Sogar der Tagesausflug zu ihrer Schwester

Marie in die Lausitz ermüdete sie nicht. Ihre frühere Ängstlichkeit, ihr Sorgen um andere waren einer heiteren Zuversicht gewichen, in der sie sich nicht erschüttern ließ. Auf die Nachricht von der plötzlichen Erkrankung ihrer jüngsten Schwester Sophie schrieb sie an Elise: „Sei drum getrost mein liebes Lieschen, es heißt hier wirklich: Die Probe geht vorüber. Sophie ist so sicher geborgen."[309]

Drei Wochen blieben die Bodelschwinghs in der Potsdamer Pension und führten „ein köstliches Stilleben, so friedlich und schön, wie man sichs nur wünschen kann."[310] Dennoch stellten sich schon in der letzten Woche bei Ida die alten Symptome wieder ein: kurze, heftige Kopfschmerzen, Unruhe und eine zeitweilige Orientierungslosigkeit. Bei Marie in der Lausitz zu Besuch, wollte sie eben mal hinüber in den Berliner Dom gehen, um dort einem Konzert zu lauschen. Am Tag der Heimreise verabschiedete sie sich am Bahnhof von ihren Kindern – Frieda wollte noch einige Zeit bei ihrer Tante in Berlin bleiben – und rief ihnen gleich danach zu: „Kommt, Kinder, kommt, ihr müßt ja alle mitkommen." Es waren die letzten Worte, die Wilhelm, Gustav und Frieda von ihrer Mutter hören sollten.[311]

Zu Hause angekommen, war Ida glücklich und zufrieden und meinte, man könne ja abends mit den Kindern den Tee bei Elise in Berlin einnehmen. Als Friedrich versuchte, ihr diese Idee auszureden, zog er ihren Unmut auf sich. Er sei wirklich sehr umständlich geworden, kritisierte sie ihn. Schließlich sei man doch in einer Viertelstunde dort.[312]

Ein Versuch Friedrichs, seine Frau in Haus Salem unterzubringen, scheiterte. Ida war zunächst vollkommen einverstanden, in das Haus für kranke und sterbende Diakonissen überzusiedeln. Nach ein paar Stunden hatte sie aber wieder vergessen, warum sie eigentlich da war und bestand darauf, nach Hause zu gehen, wo sie ihren Mann zu versorgen und noch viel für Weihnachten vorzubereiten habe. Friedrich von Bodelschwingh schrieb daraufhin an Dr. Roller, den Leiter der „Heil- und Pflegeanstalt Lindenhaus" bei Lemgo, und bat um Aufnahme für seine Frau, die ihm auch sofort zugesagt wurde.[313]

Zwei Tage später, am 21. November, äußerte Ida den Wunsch nach einer Spazierfahrt mit ihrem Mann. Friedrich entschloss sich spontan, sie bei der Gelegenheit in die Anstalt Lindenhaus zu bringen. „Ich bat nur Dr. Huchzermeier, bei dem Einsteigen in den Wagen ihr zu sagen, daß er wünschte, daß sie nun für längere Zeit an einen stillen Ort ginge, da es hier zu unruhig für sie sei", schilderte er Wilhelm einen Tag später die Szene. „Sie antwortete nur lächelnd: ‚Sie und mein Mann müssen aber auch an einen stillen Ort; es ist hier auch für Sie zu unruhig.'"[314]

Während der vierstündigen Kutschenfahrt war Ida ruhig und heiter, auch als Friedrich ihr ganz offen sagte, wohin die Reise ging. Sie sah ihn nur freundlich lächelnd an und sagte: „Ich merke es wohl, es geht hinter Schloß und Riegel."[315] Im Lindenhaus freute sie sich dann, Dr. Roller zu sehen, den sie kannte und sehr schätzte. Der Arzt bat sie und ihren Mann zu Tisch. Danach führte Friedrich sie in das Zimmer, das sie beziehen sollte, und nahm dort Abschied von ihr. „Ob sie sich völlig klar war, was vorging, ist mir ungewiß", schrieb Friedrich an Wilhelm.[316]

In Idas Abwesenheit versorgte Luises Tochter Marie ihren Onkel und den 17-jährigen Fritz. Alle rechneten damit, dass sich Idas Krankheit bald bessern und sie nach Hause zurückkehren würde. Die Krankenberichte aus dem Lindenhaus klangen aber alles andere als hoffnungsvoll. Die verordnete Bettruhe beruhigte die Patientin nicht, im Gegenteil: „Sie ist heute sehr unruhig, verwirrt, spricht incohärent. Steht viel auf, ist theilweise Widerstrebend" heißt es im Bericht vom 24. November. Auch über Kopfschmerzen klagte sie wieder. Trotzdem wirkte sie auf die Pflegerinnen „größtentheils freundlich, gemüthlich, theilweise scherzhaft."[317]

Nach einigen Tagen verschlechterte sich ihr Zustand erheblich. Sie sprach oft ohne Zusammenhang „Religiöses und anderes, auch englisch." Ihre Haut war an vielen Stellen fleckig gerötet und einem abendlichen Krampfanfall folgte eine tiefe Ohnmacht. Dennoch machte Dr. Roller am 4. Dezember noch Hoffnung auf Genesung: „Die Krankheit ist nicht leicht, eine günstige Wendung aber keines wegs ausgeschlossen."[318] Am gleichen Tag fragte Ida nach ihrem Mann; er solle zu ihr kommen. Am nächsten Morgen rief sie noch dreimal laut seinen Namen – vergeblich, denn der Brief, in dem der Arzt um sein Kommen bat, hatte ihn noch nicht erreicht. So starb Ida von Bodelschwingh im Alter von 59 Jahren am frühen Abend des 5. Dezember allein im Lindenhaus, nur eine Pflegerin war bei ihr. Sie berichtete, ihre Patientin sei ganz ruhig eingeschlafen.[319]

Im Abschlussbericht vom 6. Dezember kam Dr. Roller zu dem Schluss: „Sie ist in folge eines Gehirnleidens gestorben."[320] Ganz zufrieden schien er mit der Diagnose aber nicht gewesen zu sein, denn er befürwortete eine Obduktion der Toten in Bethel. Die Ärzte in Bethel hielten das jedoch für unnötig. Am 10. Dezember teilte Friedrich von

Bodelschwingh Dr. Roller mit, es habe keine Obduktion gegeben. Seine Frau habe wegen ihrer starken Kopfschmerzattacken immer davon gesprochen, dass sie einmal plötzlich sterben würde.[321]

Am Tag zuvor hatte in der Zionskirche die Begräbnisfeier für Ida von Bodelschwingh stattgefunden, bei der ihr Mann eine Ansprache am Sarg gehalten hatte. Darin nannte er Ida „Gehilfin meiner Pilgerschaft“ und „Gemeindemutter“ und dankte besonders den Diakonen und Schwestern für ihre Unterstützung von Idas Aufgaben in der Bethelgemeinde. In ihrem Testament habe seine Frau ausdrücklich darum gebeten, dass er nach ihrem Tod den Schwestern mehr Zeit als bisher widmen solle.[322]

Dabei verschwieg der Anstaltsleiter allerdings, in welchen Zusammenhang Ida diese Worte gestellt hatte. In dem Abschiedsbrief an ihren Mann, den sie bereits am 16. Oktober 1894 verfasst hatte, beklagt sie die Arbeitsfülle Friedrichs und wünscht ihm ein stilleres Leben: „Ich hoffe, daß mein geliebter Mann auch endlich zur Ruhe kommt auch hier auf Erden. Den so oft mit Recht sich verlassen fühlenden Schwestern kann er nun erst recht ein väterlicher Freund und Berather sein, allen verirrten vagabundierenden Leuten, deren er fast zu viele hatte, mag er von fern durch Andere Rath schicken.“[323]

Klingt hier schon eine leichte Kritik an der rastlosen Aktivität ihres Mannes an, so wird Ida von Bodelschwingh in zwei weiteren Passagen ganz deutlich: „Der Herr, der Gerechte, wolle ihn und mir all das viele Leid und Weh, das die letzten Jahre und Tage mit sich gebracht in Gnaden nicht zurechnen ..., das Haus so vieler Thränen und vergeblicher

Bitten einer darüber unglücklich gewordenen Frau, deren Körper- und Geisteskräfte neben solchem gewaltigen Mann nie ausreichten, muß jetzt endlich stille werden."[324]

Ein bitteres Fazit der letzten Jahre: viel Leid und Tränen an der Seite Friedrichs, dem sie sich offenbar nie ebenbürtig gefühlt hatte. Während sie ihm mit ihrer Assistenz und Fürsorge den Rücken freihielt, hatte sich ihr Mann aus dem häuslichen Leben immer mehr zurückgezogen. Ruhelos trieb er seine Arbeitsbereiche voran, während sie sich dringend nach mehr Ruhe sehnte. Dennoch ist sich Ida von Bodelschwingh bis zuletzt der Liebe ihres Mannes sicher, „der mich den größten Theil meines Lebens auf Händen getragen hat." Die ersehnte Ruhe aber kann sie bei ihm nicht finden, sondern nur bei Gott. „Ach, wird das ein Ausruhen sein bei meinem treuen Heiland ... Er helfe Dir und mir einst zum frohen seligen Wiedersehen an Seinem Herzen und daß dann keins unserer Kinder dort fehle!"[325]

Zeittafel

1835 Geburt Ida von Bodelschwinghs in Haus Heyde bei Unna.
1860 Verlobung mit ihrem Cousin Friedrich von Bodelschwingh.
1861 Hochzeit. Umzug nach Paris.
1863 Geburt des Sohnes Ernst.
1864 Umzug nach Dellwig. Geburt der Tochter Elisabeth.
1866 Geburt des Sohnes Friedrich.
Im preußisch-österreichischen Krieg fallen Idas Brüder Gustav und Carl.
1867 Geburt des Sohnes Carl.
1869 Tod der vier Kinder. Geburt des Sohnes Wilhelm.
1872 Umzug nach Bethel. Geburt des Sohnes Gustav.
1873 Idas Vater Carl von Bodelschwingh stirbt.
Einzug in das Pfarrhaus am Jägerbrink.
1874 Geburt der Tochter Frieda.
1877 Geburt des Sohnes Friedrich.
1881 Idas Bruder Ernst stirbt.
1885 Brandstiftungen in Bethel. Es kommt in Teilen der Bielefelder Bevölkerung zu offenen Feindseligkeiten gegen die Familie von Bodelschwingh.
1888 Audienz bei Kaiser Wilhelm II. im Schloss zu Detmold.
1889 Idas Mutter Elise von Bodelschwingh stirbt.
1894 Ida von Bodelschwingh stirbt am 5. Dezember in der Anstalt Lindenhaus bei Lemgo.

Anmerkungen

1 Caroline von Zacha, Einige Mitteilungen aus dem Leben, Leiden und Sterben der Pastorin Ida von Bodelschwingh, Bielefeld o.J.

2 Friedrich von Bodelschwingh, Erinnerungen aus meinem Leben, in: Beth-El: Blick aus Gottes Haus in Gottes Welt, 1909 und Erinnerungen aus dem Leben unseres Vaters, von ihm selbst erzählt, in: Beth-El., 1911–1918.

3 Gustav von Bodelschwingh, Friedrich von Bodelschwingh. Ein Lebensbild, Berlin 4. Aufl. 1926. Hieraus wurde später noch einmal ein kleines Bändchen separiert mit dem Titel: Vater Bodelschwinghs treueste Gehilfin, Bethel b. Bielefeld 1920.

4 Friedrich von Bodelschwingh d.J., Aus einer hellen Kinderzeit, Bethel bei Bielefeld 11. Aufl. 1963.

5 Josef Cornelissen, Haus Heyde bei Unna. Ein westfälischer Adelssitz in seinem wechselvollen Schicksal, Unna 1998; Josef Cornelissen, Ida von Bodelschwingh – eine bedeutende Frau aus Unna. (Ein Diavortrag zu Papier gebracht), Unna 2. Aufl. 2005.

6 Vgl. u.a. Ute Frevert (Hg.), Bürgerinnen und Bürger. Geschlechterverhältnisse im 19. Jahrhundert, Göttingen 1988. Auch Andreas Schulz, Lebenswelt und Kultur des Bürgertums im 19. und 20. Jahrhundert, München 2005, S. 65–69.

7 Veronika Huesmann, Hauspriester-Väter und mütterliche Gehilfinnen. Untersuchungen zum Verhältnis von Religion und Geschlecht am Beispiel des protestantischen Milieus in Ostwestfalen 1845–1918, Diss. Bielefeld 2006, S. 293f., 339, 463.

8 Landeskirchliches Archiv der Evangelischen Kirche von Westfalen, Kirchenbuch der reformierten Gemeinde Unna, Bd.: Geburten 1822–1846.

9 Taufzeugnis in Hauptarchiv der v. Bodelschwinghschen Anstalten Bethel (HAB) 2/90–50.
10 CORNELISSEN, Haus Heyde, S. 135.
11 Ebd., S. 156–163.
12 Ebd., S. 156.
13 von ZACHA, S. 7; Martin GERHARDT, Friedrich von Bodelschwingh, Bielefeld 1950, S. 197. Konfirmationsschein in HAB 2/90–50.
14 GERHARDT, S. 281f.; Ida von Bodelschwingh an ihre Schwester Luise vom 17.10.1858.
15 von ZACHA, S. 6f.
16 GERHARDT, S. 280; von ZACHA, S. 9.
17 von ZACHA, S. 10f. GERHARDT, S. 198, vermutet dagegen als Auslöser für Idas Krankheit die Weigerung ihrer Eltern, einer Heirat mit dem jungen Offizier Wilhelm von Diest zuzustimmen.
18 Ida von Bodelschwingh an ihre Schwester Luise vom 5.4.1858. Die Abkürzungen, die Ida von Bodelschwingh in ihren Briefen benutzt hat, wurden zur besseren Lesbarkeit aufgelöst.
19 Ida von Bodelschwingh an ihre Schwester Luise vom 17.10.1858.
20 Ebd.
21 von ZACHA, S. 12.
22 Friedrich Christian Karl von Bodelschwingh wurde am 6. März 1831 als Sohn des Landrats Ernst von Bodelschwingh und seiner Frau Charlotte, geborene von Diest, in Haus Mark im Tecklenburger Land geboren. Nach einer zweijährigen Tätigkeit als Verwalter auf Gut Gramenz in Hinterpommern begann er 1854 mit dem Studium der Theologie in Basel. Nach weiteren Semestern in Erlangen und Berlin legte er 1858 sein Erstes Examen in Münster ab. Zu seiner Biographie siehe neben Gerhardt vor allem Hans-Walter SCHMUHL, Friedrich von Bodelschwingh, Hamburg 2005.
23 GERHARDT, S. 277. Warum Idas Eltern den jungen Offizier als Schwiegersohn ablehnten, wird in den Quellen nicht deutlich.
24 Ebd., S. 279. Laut Gerhardt sind beide Briefe verloren gegangen.
25 Ebd.
26 GERHARDT, S. 284.
27 Ebd., S. 292.
28 Zum Folgenden vgl. SCHMUHL, S. 42–50.
29 GERHARDT, S. 274.
30 Ebd., S. 293.
31 von ZACHA, S. 15.
32 Ida von Bodelschwingh an ihre Schwester Luise vom 10.6.1861.
33 Ebd.
34 Ebd.

35 Gerhardt, S. 295ff.
36 Ida von Bodelschwingh an ihren Vater vom 28.10.1861.
37 Gustav von Bodelschwingh an seine Mutter vom 28.10.1861.
38 Zu Blumhardt vgl. Dieter Ising, Johann Christoph Blumhardt. Leben und Werk, Göttingen 2002.
39 Ida von Bodelschwingh an ihren Vater vom 28.10.1861 und an ihre Schwiegermutter vom 24.11.1861.
40 Ida von Bodelschwingh an ihren Vater vom 13.12.1861.
41 Ebd.
42 Gerhardt, S. 333f.
43 Ebd., S. 335.
44 Ida von Bodelschwingh an ihre Schwägerin Sophie vom 22.12.1862.
45 Friedrich von Bodelschwingh an seine Mutter vom 7.2.1863.
46 Friedrich von Bodelschwingh an seine Schwester Frieda vom 15.2.1863.
47 Ida von Bodelschwingh an ihren Mann vom 27.3.1863.
48 Gerhardt, S. 339.
49 Friedrich von Bodelschwingh an seine Mutter vom 14.4.1863.
50 Ida von Bodelschwingh an ihren Mann vom 16.4.1863.
51 Gerhardt, S. 303.
52 Friedrich von Bodelschwingh an seine Frau vom 11.4. und 4.5.1863.
53 Ida von Bodelschwingh an ihren Mann vom 25.4.1863.
54 Friedrich von Bodelschwingh an seine Frau, undatiert [um den 11.5.1863].
55 Ida von Bodelschwingh an ihren Mann vom 22.5.1863.
56 Gerhardt, S. 341.
57 Ida von Bodelschwingh an ihre Schwägerin Frieda vom 24.8.1863.
58 Ebd.
59 Gerhardt, S. 346ff.; Friedrich von Bodelschwingh an seine Frau vom 12.12.1863.
60 Friedrich von Bodelschwingh an seine Mutter vom 23.12.1863.
61 Ida von Bodelschwingh an ihre Schwester Luise vom 2.2.1864; Gerhardt, S. 348.
62 Ida von Bodelschwingh an ihre Schwester Luise vom 23.2.1864.
63 Gerhardt, S. 349.
64 von Zacha, S. 25.
65 Udo von Bodelschwingh an seine Schwester Ida vom 13.10.1860.
66 Ida von Bodelschwingh an ihre Schwester Luise vom 17.10.1858.
67 Ebd.; Ida von Bodelschwingh an ihren Vater vom 28.10.1861.
68 Ida von Bodelschwingh an ihre Schwester Luise vom 5.4.1858.
69 von Bodelschwingh d.J., S. 22.
70 Ida von Bodelschwingh an ihre Schwägerin Frieda vom 12.11.1861.
71 Ebd.; Ida von Bodelschwingh an ihren Vater vom 13.12.1861.

72 Ida von Bodelschwingh an ihren Sohn Wilhelm vom 22.1.1891.
73 Ida von Bodelschwingh an ihre Mutter vom 1.3.1883.
74 Ida von Bodelschwingh an ihre Schwester Elise, undatiert [Frühjahr 1891].
75 Gerhardt, S. 352f.
76 Ebd., S. 351; Ida von Bodelschwingh an ihre Schwester Luise vom 23.2.1864.
77 Ida von Bodelschwingh an ihre Schwester Luise vom 31.3.1864.
78 Ida von Bodelschwingh an ihre Schwester Luise vom 3.7.1864.
79 Ida von Bodelschwingh an Frau Witt vom 5.8.1864.
80 Ida von Bodelschwingh an ihre Schwester Luise vom 11.10.1864.
81 Ida von Bodelschwingh an ihre Schwester Luise vom 6.11.1864.
82 Friedrich von Bodelschwingh an seine Frau, Weihnachten 1864.
83 Gerhardt, S. 365f.
84 Ida von Bodelschwingh an Frau Witt vom 13.10.1865.
85 Ebd.
86 Ebd.
87 Friedrich von Bodelschwingh an seinen Schwiegervater vom 29.2.1866.
88 Cornelissen, Haus Heyde, S. 136.
89 Gerhardt, S. 391–393.
90 Friedrich von Bodelschwingh an seine Frau vom 10.7.1866.
91 Friedrich von Bodelschwingh an seine Frau vom 20.7.1866.
92 Cornelissen, Haus Heyde, S. 144.
93 Friedrich von Bodelschwingh an seine Frau vom 20.7.1866.
94 Ida von Bodelschwingh an ihren Mann vom 1.8.1866.
95 Friedrich von Bodelschwingh an seine Frau vom 13.8.1866.
96 Friedrich von Bodelschwingh an seine Frau, undatiert [1866].
97 Ida von Bodelschwingh an ihren Mann, August 1866.
98 Friedrich von Bodelschwingh an seine Frau vom 27.8.1866.
99 Gerhardt, S. 397f.
100 Ida von Bodelschwingh an ihren Mann vom 19.8.1866.
101 Gerhardt, S. 404ff.
102 Ida von Bodelschwingh an ihre Schwester Luise vom 28.6. und 27.7.1867.
103 Ida von Bodelschwingh an ihre Mutter vom 8.2.1868.
104 Ida von Bodelschwingh an ihre Schwester Luise vom 8.11.1868.
105 So wurde früher der Keuchhusten bezeichnet.
106 Ida von Bodelschwingh an ihre Schwester Luise vom 30.12.1868.
107 Ida von Bodelschwingh an ihre Mutter vom 31.12.1868.
108 Ida von Bodelschwingh an ihre Schwester Lina, undatiert [Januar 1869].

109 Ida von Bodelschwingh an ihren Bruder Ernst vom 8.1.1869.
110 Ida von Bodelschwingh an ihre Mutter vom 13.1.1869.
111 Ida von Bodelschwingh an ihre Schwester Luise vom 3.2.1869.
112 Ida von Bodelschwingh an ihre Schwester Luise vom 22.2.1869.
113 Ida von Bodelschwingh an ihre Schwester Luise vom 18.3.1869.
114 Dazu GERHARDT, S. 442f.
115 Friedrich von Bodelschwingh an seine Frau vom 24.4.1869.
116 Ida von Bodelschwingh an ihre Mutter vom 4.6.1869.
117 Friedrich von Bodelschwingh an seinen Schwiegervater vom 27.9.1869.
118 Ida von Bodelschwingh an ihre Eltern vom 5.4.1870.
119 Ida von Bodelschwingh an ihre Schwester Luise vom 2. Ostertag 1870.
120 Ida von Bodelschwingh an ihre Schwester Luise vom 18.7.1870.
121 GERHARDT, S. 455f.
122 Friedrich von Bodelschwingh an seine Frau vom 11.8.1870.
123 Friedrich von Bodelschwingh an seine Frau vom 2.8.1870.
124 GERHARDT, S. 460.
125 Ida von Bodelschwingh an ihren Mann vom 15.9.1870.
126 Friedrich von Bodelschwingh an seine Frau vom 24.9.1870.
127 Friedrich von Bodelschwingh an seine Frau vom 20.10.1870.
128 Der ursprünglich katholische Pfarrer Johannes Evangelista Gossner (1773–1858) bildete 1836 in Berlin erstmals Missionare aus, die er 1837 nach Australien entsandte. Daraus entstand die Goßnersche Mission, heute mit ihrer Zentralstelle in Berlin. Vgl. Religion in Geschichte und Gegenwart, Bd. 3, Tübingen 2000, S. 1093–1094.
129 Friedrich von Bodelschwingh an seine Frau vom 24.9.1870.
130 Ida von Bodelschwingh an ihre Schwester Luise vom 6.12.1870.
131 Ida von Bodelschwingh an ihre Schwester Luise vom 6.1.1871.
132 Ida von Bodelschwingh an ihre Schwester Luise vom 22.5.1871.
133 Ida von Bodelschwingh an ihre Schwester Luise vom 7.8.1871.
134 Zur Entstehung der Anstalten vgl. GERHARDT, S. 502ff; zur Gründung Sareptas auch Ralf PAHMEYER, „Ganz gegen alles Erwarten". Neue Aspekte zur Gründung der Diakonissenanstalt Sarepta, in: Matthias BENAD (Hg.), Friedrich v. Bodelschwingh d.J. und die Betheler Anstalten. Frömmigkeit und Weltgestaltung, Stuttgart u.a. 1997, S. 193–199.
135 Ida von Bodelschwingh an ihre Schwester Luise vom 13.11.1871.
136 Ida von Bodelschwingh an ihre Schwester Luise vom 9.12.1871.
137 Friedrich von Bodelschwingh an seine Mutter vom 26.1.1869.
138 Vgl. dazu Matthias BENAD, Frömmigkeit und Familie in Bethel, Sarepta und Nazareth, in: Hans Christoph STOODT und Edmund WEBER (Hg.), Inter Legem et Evangelium, Frankfurt a.M. 1994, S. 9–28.
139 GERHARDT, S. 74f.

140 Friedrich von Bodelschwingh, Vom Leben und Sterben vier seliger Kinder, Bielefeld 31. Aufl. 1975.
141 Ebd., S. 13.
142 Friedrich von Bodelschwingh an seinen Schwiegervater vom 30.1.1869.
143 Ida von Bodelschwingh an ihre Schwester Luise vom 3.2.1869.
144 Ida von Bodelschwingh an ihre Mutter vom 13.5.1869.
145 Ida von Bodelschwingh an ihren Mann vom 22.4.1869 und an Luise vom 26.5.1869.
146 Friedrich von Bodelschwingh an seine Frau vom 26.4.1869.
147 Ida von Bodelschwingh an ihre Mutter vom 26.2.1869.
148 Ida von Bodelschwingh an ihre Schwester Luise vom 7.1.1872 und an ihre Eltern vom 17.1.1872.
149 Gustav von Bodelschwingh, S. 181.
150 Ida von Bodelschwingh an ihre Schwester Luise vom 28.1.1872.
151 Ida von Bodelschwingh an ihre Schwester Luise vom 22.2.1872 und an ihr ehemaliges Kindermädchen Pauline vom 26.2.1872.
152 Ida von Bodelschwingh an ihre Eltern vom 25.4.1872.
153 Ida von Bodelschwingh an ihre Eltern vom 2.5.1872.
154 Gerhardt, S. 526.
155 Ida von Bodelschwingh an ihre Eltern vom 17.5.1872 und an ihre Schwester Luise vom 29.5.1872.
156 Ida von Bodelschwingh an ihre Schwester Luise vom 29.5.1872.
157 Ida von Bodelschwingh an ihre Eltern vom 23.8.1872.
158 Ida von Bodelschwingh an ihre Eltern vom 21.12.1872 und vom 1.1.1873.
159 Ida von Bodelschwingh an ihre Schwester Luise vom 20.3.1873 und an ihre Mutter vom 18.5. und vom 26.6.1873.
160 Ida von Bodelschwingh an ihren Mann vom 11.5.1873.
161 Ida von Bodelschwingh an ihre Mutter vom 26.6.1873.
162 Ida von Bodelschwingh an ihre Schwester Luise vom 3.8.1873.
163 Ida von Bodelschwingh an ihre Mutter vom 22.8.1873.
164 Gerhardt, Bd. 2, Teil 1, S. 20.
165 Friedrich von Bodelschwingh an seine Frau vom 25.9.1874.
166 Ida von Bodelschwingh an ihre Mutter vom 29.11.1874.
167 Friedrich von Bodelschwingh an seine Frau, undatiert [Februar 1875].
168 Friedrich von Bodelschwingh an seine Frau, undatiert [Ende Februar 1875].
169 Ida von Bodelschwingh an ihre Mutter vom 26.5.1875.
170 Gerhardt, Bd. 2, Teil 1, S. 25.
171 Cornelissen, Haus Heyde, S. 162.
172 Friedrich von Bodelschwingh an seine Schwägerin Elise vom 24.7.1876.
173 Ida von Bodelschwingh an ihre Schwester Luise vom 6.8.1876.

174 Gerhardt, Bd. 2, Teil 1, S. 28f.
175 Ebd., S. 30.
176 Ida von Bodelschwingh an ihre Schwester Luise vom 2.11.1876 und an ihre Mutter vom 9.11.1876.
177 Ida von Bodelschwingh an ihren Mann vom 29.7.1877; Friedrich von Bodelschwingh an seine Frau vom 31.7.1877.
178 Ida von Bodelschwingh an ihren Mann vom 17.7.1877.
179 Ida von Bodelschwingh an ihre Schwester Luise vom 14.10.1877.
180 Ida von Bodelschwingh an ihre Schwester Luise, undatiert [Ende 1877].
181 Ida von Bodelschwingh an ihren Mann vom 14., 15. und 19.7.1878.
182 Friedrich von Bodelschwingh an seine Frau vom 20.7.1878.
183 Ida von Bodelschwingh an ihre Schwester Sophie vom 3.8.1878.
184 Ida von Bodelschwingh an ihre Mutter vom 23.8.1878.
185 Ida von Bodelschwingh an ihre Mutter vom 11.6. und 11.7.1879.
186 Ida von Bodelschwingh an ihren Mann vom 2.4.1880.
187 Cornelissen, Haus Heyde, S. 157; Friedrich von Bodelschwingh an seine Frau, undatiert [März 1881].
188 Friedrich von Bodelschwingh an seine Frau, undatiert [Juni 1881].
189 Ida von Bodelschwingh an ihre Mutter vom 9.10.1881.
190 Ida von Bodelschwingh an ihre Mutter vom 19.2.1882.
191 Ida von Bodelschwingh an ihre Mutter vom 9.8.1882. Eine anschauliche Beschreibung seiner Ferien auf Haus Heyde vgl. von Bodelschwingh d.J., S. 40–45.
192 Ida von Bodelschwingh an ihre Mutter vom 12.11.1882.
193 Ida von Bodelschwingh an ihre Schwester Sophie vom 13.1.1883.
194 Ida von Bodelschwingh an ihre Kinder vom 12.3.1883.
195 Ida von Bodelschwingh an ihre Mutter vom 19.3.1883.
196 Ida von Bodelschwingh an ihre Mutter vom 22.4.1883.
197 Ida von Bodelschwingh an ihre Mutter vom 21.8.1883.
198 Friedrich von Bodelschwingh an seine Frau, undatiert [Mai 1884].
199 Friedrich von Bodelschwingh an seine Frau, undatiert [Juli 1875].
200 Ida von Bodelschwingh an ihren Mann vom 24.5.1876.
201 Ida von Bodelschwingh an ihren Mann, undatiert [1876].
202 Ida von Bodelschwingh an ihren Mann vom 2.8.1877.
203 Friedrich von Bodelschwingh an seine Frau vom 11.9.1880.
204 Ida von Bodelschwingh an ihren Mann vom 26.7.1877.
205 Ida von Bodelschwingh an ihren Mann vom 29.7.1877.
206 Ida von Bodelschwingh an ihren Mann vom 14. und 19.7.1877.
207 Ida von Bodelschwingh an ihre Schwester Luise vom 4.11.1876.
208 Ida von Bodelschwingh an ihren Bruder Udo vom 2.11.1884.
209 Ida von Bodelschwingh an ihre Mutter vom 25.12.1882.
210 Friedrich von Bodelschwingh an seine Frau vom 20.7.1878.

211 Ebd.
212 Friedrich von Bodelschwingh an seine Frau vom 19.7.1878. Es handelt sich dabei vermutlich um Pastor Ernst Buschmann aus Frömern.
213 Wilhelm diente seinem Vater bereits mit zwölf Jahren als Sekretär. Vgl. Friedrich von Bodelschwingh an seine Frau vom 19.6.1881.
214 Schmuhl, S. 72.
215 Gerhardt/Adam, 2. Bd., 2. Hälfte, S. 304f.
216 Karl Ditt, Industrialisierung, Arbeiterschaft und Arbeiterbewegung in Bielefeld 1850–1914, Dortmund 1982, S. 223; Reinhard Vogelsang, Geschichte der Stadt Bielefeld, Bd. 2, Bielefeld 1988, S. 138f.
217 Ditt, S. 223; Vogelsang, S. 139.
218 Ida von Bodelschwingh an ihren Sohn Wilhelm vom 28.3.1885.
219 Gerhardt/Adam, Bd. 2, 2. Hälfte, S. 304.
220 von Bodelschwingh d.J., S. 130.
221 Ida von Bodelschwingh an ihre Schwester Sophie vom 22.4.1885.
222 Vgl. dazu Gerhardt/Adam, Bd. 2, 2. Hälfte, S. 305–310.
223 Ida von Bodelschwingh an ihren Sohn Wilhelm vom 5.4.1885 (1. Ostertag).
224 Das Werkzeug sollte den Arbeitern weiterhin kostenlos bereitgestellt werden, aber die entlassenen Arbeiterdelegierten wurden nicht wieder eingestellt. Ditt, S. 223.
225 Ida von Bodelschwingh an ihre Schwester Sophie vom 22.4.1885.
226 Ebd.
227 Friedrich von Bodelschwingh an seine Frau vom 18.10.1885. Hermann Theodor Wangemann (1818–1894) war Direktor der Berliner Missionsgesellschaft. Gustav Nebe (1835–1919) war General-Superintendent von Westfalen, Clamor Huchzermeier (1809–1899) war Superintendent in Bielefeld und Begründer des Rettungshauses in Schildesche.
228 Ida von Bodelschwingh an ihren Mann vom 22.10.1885.
229 Ebd.
230 Ebd.; Friedrich von Bodelschwingh an seine Frau vom 21.10.1885.
231 Ida von Bodelschwingh an ihren Mann vom 24.10.1885.
232 Ebd.
233 Ida von Bodelschwingh an ihren Mann vom 25.10.1885.
234 Friedrich von Bodelschwingh an seine Frau vom 26.10.1885.
235 Bei dieser Einrichtung handelt es sich um eine Außenstelle der „Heil- und Pflegeanstalt Eichberg“, die 1865 im säkularisierten Kloster Eberbach im preußischen Regierungsbezirk Wiesbaden errichtet worden war. Von 1815 bis 1848 hatte dort die „Herzoglich Nassauische Irrenanstalt“ existiert. Vgl. Christina Vanja u.a. (Hg.), Wissen und irren. Psychiatriegeschichte aus zwei Jahrhunderten – Eberbach und Eichberg, Kassel 1999.

236 Friedrich von Bodelschwingh an seine Frau vom 24.2.1886. Bei der Zweiganstalt Bethel handelt es sich um das spätere Eckardtsheim in der Senne.
237 Ida von Bodelschwingh an ihren Mann vom 23.2.1886.
238 Ida von Bodelschwingh an ihren Sohn Wilhelm vom 25.9. und 21.11.1886.
239 Ida von Bodelschwingh an ihren Sohn Wilhelm vom 29.1.1887. 1903 setzte Bodelschwingh seinen Plan in die Tat um und ließ sich auf der Liste der Deutschkonservativen Partei in den preußischen Landtag wählen.
240 Ida von Bodelschwingh an ihren Sohn Wilhelm vom 2.6.1887.
241 Friedrich von Bodelschwingh an seine Frau vom 19.6.1887.
242 Ida von Bodelschwingh an ihren Sohn Wilhelm vom 2.6.1887; Gerhardt, 2. Bd., 1. Hälfte, S. 234f.
243 Ebd., S. 236.
244 Ida von Bodelschwingh an ihren Sohn Wilhelm vom 12.2.1888.
245 Friedrich von Bodelschwingh an seine Frau vom 12.2.1888.
246 Ida von Bodelschwingh an ihre Schwester Elise vom 18.3.1888.
247 Gustav von Bodelschwingh, S. 407.
248 Ida von Bodelschwingh an ihren Sohn Wilhelm vom 15. und 23.7.1888.
249 Ida von Bodelschwingh an ihre Schwester Sophie vom 18.8.1888.
250 Ida von Bodelschwingh an ihren Sohn Wilhelm vom 25.9.1888.
251 Ida von Bodelschwingh an ihre Schwester Sophie vom 10.1.1889.
252 Ida von Bodelschwingh an ihren Sohn Wilhelm vom 5.6.1889.
253 Ida von Bodelschwingh an ihren Sohn Wilhelm vom 19.5.1889.
254 Ida von Bodelschwingh an ihren Sohn Wilhelm vom 8. und 19.5.1889.
255 Friedrich von Bodelschwingh an seine Frau vom 30.5.1889.
256 Ida von Bodelschwingh an ihren Sohn Wilhelm vom 5.6. und 9.6.1889.
257 Friedrich von Bodelschwingh an seine Frau vom 1.6.1889.
258 Ida von Bodelschwingh an ihren Sohn Wilhelm vom 9. und 23.6.1889.
259 Ida von Bodelschwingh an ihren Sohn Wilhelm vom 30.7. und 1.8.1889.
260 Frieda von Bodelschwingh an ihren Bruder Gustav, undatiert [November 1889]; Friedrich von Bodelschwingh an seine Frau vom 15.10.1889; Ida von Bodelschwingh an ihren Sohn Wilhelm vom 31.10.1889.
261 Bei der in Friedas Briefen an Gustav erwähnten Cousine Elise könnte es sich um die Tochter von Friedrichs Bruder Franz gehandelt haben. Elise von Bodelschwingh, 1875 geboren, war zu diesem Zeitpunkt 14 Jahre alt.
262 Friedrich von Bodelschwingh an seine Frau vom 15.10.1889.
263 Ida von Bodelschwingh an ihre Schwester Sophie vom 8.11.1889 und an ihren Sohn Wilhelm vom 31.10. und 5.12.1889.

264 Ida von Bodelschwingh an ihren Sohn Wilhelm vom 22.12.1889 und an ihre Schwester Lina vom 25.12.1889.
265 Vgl. dazu SCHMUHL, S. 105 und 114ff.
266 Ida von Bodelschwingh an ihren Sohn Wilhelm, undatiert [Ende Januar 1890].
267 Ida von Bodelschwingh an ihren Sohn Wilhelm vom 16.3.1890. Nach den heute gültigen diagnostischen Kriterien (Internationale Klassifikation der Krankheiten und verwandter Gesundheitsstörungen, Kapitel psychische Störungen, der WHO 10. Revision, ICD-10) würde man wahrscheinlich eine affektive Störung diagnostizieren.
268 Ida von Bodelschwingh an ihren Sohn Wilhelm vom 21.3. und 7.4.1890.
269 Ida von Bodelschwingh an ihren Sohn Wilhelm vom 1.9.1890.
270 Ida von Bodelschwingh an ihren Sohn Wilhelm vom 5.11.1890 und an ihre Schwester Elise vom 19.11.1890.
271 Ida von Bodelschwingh an ihre Mutter vom 9.10.1881.
272 Ida von Bodelschwingh an ihren Sohn Wilhelm vom 10.5.1891.
273 Ida von Bodelschwingh an ihre Schwester Elise vom 25.2.1891.
274 Ida von Bodelschwingh an ihre Schwester Elise vom 9.5. und an ihren Sohn Wilhelm vom 20.7.1891.
275 Ida von Bodelschwingh an ihren Sohn Wilhelm vom 27.10.1891.
276 Ida von Bodelschwingh an ihren Sohn Wilhelm vom 21.11., 28.11. und 3.12.1891.
277 Ida von Bodelschwingh an ihre Schwester Elise vom 25.12.1891.
278 Ida von Bodelschwingh an ihre Schwester Sophie vom 17.12.1891.
279 Ida von Bodelschwingh an ihren Sohn Wilhelm vom 14.2.1892.
280 Ida von Bodelschwingh an ihre Schwester Elise vom 17.4. und 8.5.1892.
281 Ida von Bodelschwingh an ihre Schwester Elise vom 17.4.1892.
282 Ida von Bodelschwingh an ihre Schwester Elise vom 8.5.1892.
283 Ida von Bodelschwingh vom 19.9.1892.
284 Ida von Bodelschwingh an ihre Schwester Elise vom 2.10.1892.
285 Friedrich von Bodelschwingh an seine Frau Ida vom 31.10.1892.
286 Ida von Bodelschwingh an ihre Schwester Elise vom 12.11.1892.
287 Ida von Bodelschwingh an ihren Sohn Wilhelm vom 12.1. und an ihre Schwester Elise vom 18. und 26.1.1893.
288 Ida von Bodelschwingh an ihren Sohn Wilhelm, undatiert [Februar 1893].
289 Ida von Bodelschwingh an ihre Schwester Elise vom 9.2.1893.
290 Ida von Bodelschwingh an ihre Schwester Elise vom 17.5.1893.
291 Ida von Bodelschwingh an ihren Sohn Wilhelm vom 5.7.1893.
292 Ida von Bodelschwingh an ihren Sohn Wilhelm vom 1.8.1893.
293 Ida von Bodelschwingh an ihren Sohn Wilhelm vom 14.8. und 6.9.1893.

294 Ida von Bodelschwingh an ihren Sohn Wilhelm vom 26.9., 24. und 29.11.1893.

295 Eva von Tiele-Winckler wurde am 31.10.1866 auf Gut Miechowitz in Oberschlesien geboren. 1886 lernte sie die Betheler Anstalten kennen und fasste den Plan, auf Gut Miechowitz ein Krankenhaus errichten zu lassen. 1887 und 1888 arbeitete sie als freie Hilfsschwester in Bethel; 1890 wurde das Krankenhaus fertig gestellt und zu einem Diakonissenhaus ausgebaut. Bodelschwingh stand Eva von Tiele-Winckler dabei zur Seite und segnete sie im August 1892 in Sarepta zur Diakonisse ein. Vgl. GERHARDT/ADAM, Bd. 2, 2. Hälfte, S. 356.

296 Friedrich von Bodelschwingh an seine Schwester Frieda vom 26.1.1894.

297 Friedrich von Bodelschwingh an seine Tochter Frieda vom 15.2.1894.

298 Ida von Bodelschwingh an ihren Sohn Wilhelm vom 8.5.1894.

299 Ida von Bodelschwingh an ihre Schwester Elise, undatiert [Mai 1894].

300 von ZACHA, S. 25.

301 Ida von Bodelschwingh an ihren Sohn Wilhelm vom 7.7. und 17.7.1894.

302 Ida von Bodelschwingh an ihre Schwester Elise vom 12.8.1894.

303 Ida von Bodelschwingh an ihren Sohn Wilhelm vom 17.7.1894.

304 Ida von Bodelschwingh an ihren Sohn Wilhelm vom 13.9.1894; von ZACHA, S. 35ff.

305 von ZACHA, S. 42f. Hedwig von Brauchitsch starb am 11. Dezember 1894, sie überlebte Ida damit noch um wenige Tage.

306 Ebd., S. 44ff.; Ida von Bodelschwingh an ihren Sohn Wilhelm vom 26.9.1894.

307 von ZACHA, S. 47f.

308 Zum Folgenden vgl. von ZACHA, S. 49ff.

309 Ida von Bodelschwingh an ihre Schwester Elise vom 31.10.1894.

310 Ebd.

311 von ZACHA, S. 61.

312 Ebd., S. 62.

313 Ebd., S. 63f.; Anstalt Lindenhaus an Friedrich von Bodelschwingh vom 19.11.1894, in: Landesarchiv Nordrhein-Westfalen, Staats- und Personenstandsarchiv Detmold, L 107 D, Nr. 412.

314 Friedrich von Bodelschwingh an seinen Sohn Wilhelm vom 22.11.1894.

315 von ZACHA, S. 69.

316 Friedrich von Bodelschwingh an seinen Sohn Wilhelm vom 22.11.1894.

317 Krankenbericht über Frau von Bodelschwingh vom 24.11.1894, in: Landesarchiv Nordrhein-Westfalen, Staats- und Personenstandsarchiv Detmold, L 107 D, Nr. 412, Bl. 8.

318 Krankenbericht vom 28.11.1894; Anstalt Lindenhaus an Friedrich von Bodelschwingh vom 4.12.1894, in: ebd., Bl. 9 und 12.

319 von Zacha, S. 71f.

320 Krankenbericht vom 6.12.1894, in: Landesarchiv Nordrhein-Westfalen, Staats- und Personenstandsarchiv Detmold, L 107 D, Nr. 412, Bl. 21.

321 Friedrich von Bodelschwingh an Lindenhaus vom 10.12.1894, in: ebd., Bl. 17.

322 von Zacha, S. 73.

323 Ida von Bodelschwingh an ihren Mann vom 16.10.1894.

324 Ebd. In einer Abschrift des Originalbriefes fehlen die beiden Stellen. Der unbekannte Verfasser dieser redigierten Version könnte eines ihrer Kinder gewesen sein.

325 Ebd.

Quellen- und Literaturverzeichnis

Quellen

Hauptarchiv der v. Bodelschwinghschen Anstalten Bethel (HAB):

Bestand: 2/90
Briefe von Ida von Bodelschwingh an
2/90-17 Julius und Sophie von Oven geb. von Bodelschwingh (Schwager und Schwägerin)
2/90-38 Maria Witt (Ehefrau des Lehrers in Paris)
2/90-50 Sophie von Bodelschwingh (Schwiegermutter)
2/90-50 Frieda von Bodelschwingh (Schwägerin)
2/90-50 Verschiedene
2/90-51 bis 55 Friedrich von Bodelschwingh (Ehemann)
2/90-56 bis 57 Carl und Elise von Bodelschwingh (Eltern)
2/90-58 Luise von Quadt geb. von Bodelschwingh (Schwester)
2/90-59 Elise von Bodelschwingh (Schwester)
2/90-59 Udo von Bodelschwingh (Bruder) und Udo von Bodelschwingh an seine Schwester
2/90-60 Lina Kögel geb. von Bodelschwingh (Schwester)
2/90-60 Sophie von Bodelschwingh (Schwester)
2/90-62 Wilhelm von Bodelschwingh (Sohn)
2/90-66 Gustav von Bodelschwingh (Sohn) und Gustav von Bodelschwingh an seine Mutter

Bestand: 2/95
Briefe von Ida von Bodelschwingh an
2/95-4 Elise von Bodelschwingh (Mutter)
2/95-11 ihre Kinder

Bestand: Briefesammlung Friedrich von Bodelschwingh d.Ä. (alphabetisch)
Briefe von Friedrich von Bodelschwingh an
Mutter, Ehefrau, Tochter Frieda, Sohn Wilhelm, Schwester Frieda, Schwiegervater, Schwägerin Elise

Literatur

Friedrich von Bodelschwingh d.Ä., Erinnerungen aus meinem Leben, in: Beth-El: Blick aus Gottes Haus in Gottes Welt, 1909 und Erinnerungen aus dem Leben unseres Vaters, von ihm selbst erzählt, in: ebd., 1911–1918.

Friedrich von Bodelschwingh d.Ä., Vom Leben und Sterben vier seliger Kinder (1869), Bethel bei Bielefeld 31. Aufl. 1975.

Friedrich von Bodelschwingh d.J., Aus einer hellen Kinderzeit, Bethel bei Bielefeld 11. Aufl. 1963.

Gustav von Bodelschwingh, Friedrich von Bodelschwingh. Eine Geschichte seines Lebens, Berlin 1926.

Gustav von Bodelschwingh, Vater Bodelschwinghs treueste Gehilfin, Bethel b. Bielefeld 1920.

Matthias Benad, Frömmigkeit und Familie in Bethel, Sarepta und Nazareth, in: Hans Christoph Stoodt und Edmund Weber (Hg.), Inter Legem et Evangelium, Frankfurt a.M. 1994, S. 9–28.

Josef Cornelissen, Haus Heyde bei Unna. Ein westfälischer Adelssitz in seinem wechselvollen Schicksal, Unna 1998.

Josef Cornelissen, Ida von Bodelschwingh – eine bedeutende Frau aus Unna. (Ein Diavortrag zu Papier gebracht), Unna 2. Aufl. 2005.

Ute Frevert (Hg.), Bürgerinnen und Bürger. Geschlechterverhältnisse im 19. Jahrhundert, Göttingen 1988.

Martin Gerhardt und Alfred Adam, Friedrich von Bodelschwingh. Ein Lebensbild aus der deutschen Kirchengeschichte. Bd. 1: Martin Gerhardt, Werden und Reifen, Bethel 1950; Bd. 2, 1. Hälfte: Martin Gerhardt, Das Werk, Bethel 1952; Bd. 2, 2. Hälfte: Alfred Adam, Das Werk, Bethel 1958.

Veronika Huesmann, Hauspriester-Väter und mütterliche Gehilfinnen. Untersuchungen zum Verhältnis von Religion und Geschlecht am Beispiel des protestantischen Milieus in Ostwestfalen 1845–1918, Diss. Bielefeld 2006.
Ralf Pahmeyer, „Ganz gegen alles Erwarten“. Neue Aspekte zur Gründung der Diakonissenanstalt Sarepta, in: Matthias Benad (Hg.), Friedrich v. Bodelschwingh d.J. und die Betheler Anstalten. Frömmigkeit und Weltgestaltung, Stuttgart u.a. 1997, S. 193–199.
Hans-Walther Schmuhl, Friedrich von Bodelschwingh, Hamburg 2005.
Andreas Schulz, Lebenswelt und Kultur des Bürgertums im 19. und 20. Jahrhundert, München 2005.
Reinhard Vogelsang, Geschichte der Stadt Bielefeld, Bd. 2, Bielefeld 1988.
Hartmut Wille, Bethel bei Bielefeld. Von der Krankenkolonie zum eigenen Stadtteil, in: Andreas Beaugrand (Hg.), Stadtbuch Bielefeld, Bielefeld 1996, S. 160–163.
Caroline von Zacha, Einige Mitteilungen aus dem Leben, Leiden und Sterben der Pastorin Ida von Bodelschwingh, Bielefeld o.J.

Abbildungsnachweis

Alle Bilder stammen aus dem Hauptarchiv der v. Bodelschwinghschen Anstalten Bethel.